教育部人文社会科学研究青年基金项目："基于动作模式的我国校园足球课余训练内容研究"（编号：16YJC890004）

我国校园足球课余训练内容研究

崔运坤 贾 燕 著

北京体育大学出版社

策划编辑：王英峰
责任编辑：邓琳娜
责任校对：孙　静
版式设计：久书鑫

图书在版编目（CIP）数据

我国校园足球课余训练内容研究 / 崔运坤，贾燕著
. -- 北京 : 北京体育大学出版社，2022.4
ISBN 978-7-5644-3636-0

Ⅰ. ①我… Ⅱ. ①崔… ②贾… Ⅲ. ①学校体育－足球运动－运动训练－教学研究 Ⅳ. ①G843.2

中国版本图书馆 CIP 数据核字（2022）第 054847 号

我国校园足球课余训练内容研究　　崔运坤　贾　燕　著
WOGUO XIAOYUAN ZUQIU KEYU XUNLIAN NEIRONG YANJIU

出版发行：北京体育大学出版社
地　　址：北京市海淀区农大南路 1 号院 2 号楼 2 层办公 B–212
邮　　编：100084
网　　址：http://cbs.bsu.edu.cn
发 行 部：010–62989320
邮 购 部：北京体育大学出版社读者服务部 010–62989432
印　　刷：唐山玺诚印务有限公司
开　　本：710mm×1000mm　1/16
成品尺寸：170mm×240mm
印　　张：13.75
字　　数：185 千字
版　　次：2022 年 4 月第 1 版
印　　次：2022 年 4 月第 1 次印刷
定　　价：98.00 元

前　言

课余训练是我国校园足球教学和训练体系的重要内容、竞赛体系的重要保障、科研体系的研究基础、宣传引导体系的重要素材，课余训练的开展与我国校园足球的科学化、高质量发展密切相关，亦是我国校园足球发展战略的基础支撑。因此，对我国校园足球课余训练内容进行深入研究，客观准确了解校园足球课余训练内容的现状、科学阐释校园足球课余训练的基础单位、科学构建校园足球课余训练的内容体系、科学设计校园足球课余训练的实践方案，是正确认识我国校园足球课余训练的迫切需求，是校园足球教学、科学训练的基础，是校园足球师资培训的重要依据，是校园足球高质量发展的必然诉求，更是中国特色足球青训体系建设的必由之路。

本书积极响应国家校园足球发展战略，紧跟当前国际和国内运动训练领域研究的热点，将动作模式引入我国校园足球课余训练的内容，抓住“基于动作模式的我国校园足球课余训练内容研究”这一重要科学命题，以“发现问题—解决问题—应用问题”的逻辑顺序开展研究，重点对我国校园足球课余训练内容的现状、我国校园足球动作模式体系的构建、我国校园足球课余训练内容体系的构建、我国校园足球课余训练内容体系的应用这 4 个关键问题进行研究。其中现状调查是本研究的逻辑起点；动作模式体系的构建旨在厘清校园足球的典型动作，是内容体系理论构建部分、内容和方法筛选部分的重要依据；内容体系的构建和应用旨在探索和优化我国校园足球课余训练的内容体系和应用实践，为校园足球课余训练的科学化、高质量发展提供建议。

本书在撰写过程中得到尹军、米靖等多位专家学者的重要建议，得到荣芳芳、欧阳海广、姚光亮、董得壮等人的帮助，引用了一些专家学者的研究成果，并请王林智作为照片模特，在此一并表示感谢！

由于作者水平有限，本书如有缺点和不足，敬希读者批评指正！

2021 年 10 月

目　录

第一章　绪论……………………………………………………………………… 1

第一节　课余训练是我国校园足球体系建设的重要前提 ………… 2

第二节　我国校园足球课余训练及动作模式研究 ………………… 3

第三节　研究对象与研究方法 ………………………………………… 7

第二章　我国校园足球课余训练内容的现状及解决思路 ……………… 15

第一节　我国校园足球课余训练内容选择的依据状况 …………… 17

第二节　我国校园足球课余训练内容的实施状况 ……………… 39

第三节　我国校园足球课余训练内容的保障状况 ……………… 51

第四节　我国校园足球课余训练内容优化的思路 ……………… 60

第三章　校园足球动作模式体系的构建 ………………………………… 65

第一节　校园足球动作模式体系构建的基础 ……………………… 66

第二节　校园足球动作模式体系的构建结果 ……………………… 69

第四章　我国校园足球课余训练内容体系的构建 ……………………… 79

第一节　我国校园足球课余训练内容体系构建的基础 …………… 80

第二节　我国校园足球课余训练内容体系的构建结果 …………… 82

第五章　我国校园足球课余训练内容体系的应用设计 ………………… 97

第一节　我国校园足球课余训练的流程 …………………………… 98

第二节　我国校园足球课余训练的周期设计 ……………………… 100

第三节　我国校园足球课余训练负荷类型 ………………………… 106

第四节　我国校园足球身体训练计划的理论设计 …………………… 109
第五节　我国校园足球课余训练内容筛选 ………………………… 117
第六节　我国校园足球课余训练手段筛选 ………………………… 126
第七节　我国校园足球课余训练内容体系的实践 ………………… 170

附　录………………………………………………………………………… 178

附录 1：我国校园足球试点学校足球课余训练内容调查问卷 …· 178
附录 2：校园足球动作模式指标体系专家调查问卷 ……………… 184
附录 3：我国校园足球课余训练内容指标体系专家
调查问卷 ……………………………………………………… 187
附录 4：我国不同学龄段校园足球课余训练内容专家
调查问卷 ……………………………………………………… 192
附录 5：我国校园足球课余训练手段专家访谈提纲 ……………… 197
附录 6：《学生足球运动技能等级评定标准（试行）》 …………… 199

参考文献……………………………………………………………………… 205

第一章
绪　论

第一节　课余训练是我国校园足球体系建设的重要前提

国家体育总局、教育部联合下发的《关于开展全国青少年校园足球活动的通知》（体群字〔2009〕54 号），标志着我国青少年校园足球活动的正式启动。国家高度重视并连续发文指导青少年校园足球活动的开展，国家体育总局、教育部印发的《关于加强全国青少年校园足球工作的意见》（体青字〔2013〕12 号）、教育部等六部门印发的《关于加快发展青少年校园足球的实施意见》（教体艺〔2015〕6 号）等文件对校园足球的发展进行了详细规划，明确提出要加强足球课外训练，并要求教育部门会同体育等部门指导学校制订科学的校园足球训练计划，合理组织校园足球课余训练，为喜欢足球和有足球潜能的学生提供学习和训练机会。教育部等七部门印发的《全国青少年校园足球八大体系建设行动计划》的通知（教体艺〔2020〕5 号）等明确指出，要加强校园足球的推广体系、教学体系、样板体系、竞赛体系、融合体系、荣誉体系、科研体系、宣传引导体系建设，要着力推广普及、加强教学训练竞赛、打通升学通道、强化师资培训、推动场地建设、深化国际交流、持续宣传推进。校园足球课余训练是校园足球推广体系的重要前提，教学体系的重要内容，竞赛体系、样板体系、荣誉体系、科研体系、融合体系的重要基础，宣传引导体系的重要素材。对校园足球课余训练内容进行系统研究，能够促进我国校园足球的科学化、高质量发展，并能够为我国校园足球的发展提供基础支撑。

近年来，全国青少年校园足球工作座谈会、全国青少年校园足球工作电视电话会议、全国青少年校园足球工作通气会等各级各类专题会议，重申了校园足球的重要性，总结了校园足球的发展经验和存在的不足，并提出了我国校园足球发展的科学路径。随着校园足球事业的快速发展，截至2019年12月，全国共有国家和地方校园足球特色学校27000余所，设立校园足球改革试验区38个，遴选校园足球试点县（区）160个，布局建设“满天星”训练营80个，组建高水平足球队的高校达181所。但必须客观地认识到，我们对青少年校园足球课余训练客观状况的认知仍较为模糊，校园足球课余训练的基础单位仍不甚明了，校园足球课余训练内容的科学性仍有待商榷。所以，客观、准确地了解校园足球课余训练内容的现状、科学阐释校园足球课余训练的基础单位、科学构建校园足球课余训练的内容体系、科学设计校园足球课余训练内容的实践方案等，是正确认识我国校园足球课余训练的迫切需求，是校园足球教学、训练科学性的基础，是校园足球师资培训的重要依据，是校园足球高质量发展的必然诉求，更是中国特色足球青训体系建设的必由之路。

本书积极响应国家校园足球发展战略，紧跟当前国际和国内运动训练领域研究的热点，将动作模式引入我国校园足球课余训练。本书结合目前我国校园足球课余训练的实际情况和存在的重点问题，根据研究团队的专业背景和实践经验，以校园足球课余训练内容为研究领域，以课余训练内容中的身体练习为研究范围，即将准备活动、恢复再生、灵活性、稳定性、力量、速度、耐力、灵敏、平衡稳定、协调能力作为本课题的研究内容，而技术、战术、心理、智能等方面的训练则不在研究范围内。

第二节　我国校园足球课余训练及动作模式研究

一、我国校园足球课余训练相关研究

刘延东提出校园足球是实现教育“立德树人”和培养德智体美全面发展人才的重要途径，校园足球是强化体育课、课外锻炼、促进青少年

身心健康的重要手段[1]，而课余训练是校园足球实现上述作用的重要路径。王登峰指出，校园足球不要只想着出成绩[2]，打牢基础才能保障校园足球健康和可持续发展。课余训练是评估校园足球特色学校的重要指标，要注重课余训练体系的构建，注重夯实牢固的基础。郭骏骅[3]认为校园足球是学校体育的一部分，要以教育为目的，增强学生体质，注重发挥校园足球文化教育价值对广大青少年的影响，要发挥校园足球教育的本质功能。此外，部分研究认为校园足球课余训练对学生的抑制功能[4]、执行功能[5]、自信心和自我效能感[6]、注意品质[7]等神经心理层面的相关问题具有改善作用，对学生的体质健康提升[3,8]、社会适应能力[9]、文化素养提升[9-11]等方面均具有积极的作用。

杨明建[12]认为校园足球课余训练普遍存在不符合青少年足球运动员发展规律的问题。王民享[13]认为技战术风格不统一、“金字塔”形的后备人才发展模式缺乏、统一的训练大纲欠缺、竞赛体系不健全、训练的对抗强度和实战性差、身体训练与技战术训练结合度差、科学理论指导实践差等是我国青少年足球存在的重要问题。张田磊[14]认为我国校园足球的课余训练存在队员选拔没有科学化的评定标准、训练方法不具有针对性、相关升学渠道狭窄、学业压力增加、学训矛盾突出等问题。毛振明等[15]认为校园足球课余训练存在参与机会丢失或动力不足的问题，并建议创新教体结合方式，遵循教育科学和训练规律，科学地开展校园足球活动；而舒川等[16]提出采用体教结合、建立俱乐部、政府购买服务的形式提高校园足球课余训练水平。同时，毛振明[15]提出要注重实现校园足球课余训练的高水平化和专业化；而张廷安[17]认为校园足球课余训练要正确认识“以人为本、科学训练”，杜绝“娇骄二气”“只顾眼前成绩不思未来发展”“毁灭式发掘的超前训练”。

宁尚斌[18]认为校园足球课余训练存在内容枯燥、结构形式单一、缺少创新性的问题。李卫东等[19]认为校园足球课余训练存在内容针对性和系统性不足、科学化水平不高的问题，并提出完善课余训练体制的发展策略。侯凯凯[20]认为校园足球课余训练存在内容单一重复、针对性和差异性差、结束部分仅以慢跑放松为主等问题，提出将课余训练划分为三个不同等级，并对每一等级的训练内容进行规划和设计的策略。张田磊[14]认为校园足球的技术训练较为全面，学生的学习兴趣很高且较为喜欢训练和比赛；训练内容有基本的技战术训练，但与比赛贴合程度不高、练赛脱节，导致比赛时难以发挥出训练时的水平；身体素质训练多以全身的素质练习为主；课余训练时间在 2 小时以上，时间较长，学生承受的负荷较大，且训练内容创新度不够。赵世桐[21]认为校园足球课余训练应该明确训练竞赛体系，训练方法应该逐步深化、专业化，并将一般训练与专项训练结合，使学生全面发展。张峻[22]认为校园足球教学和训练的教材缺乏，且现有教材多为传统的足球技术、战术以及足球运动规则等内容，教学和训练内容的针对性、新颖性有待改善，先进的身体练习、足球游戏、小场地比赛等科学有效的教学训练内容还需进一步普及。

二、动作模式相关研究

动作模式是各组与大脑联系的单个动作，犹如一个单独信息模块，其本质就像心理动作程序，是支配肢体工作的软件[23]。它是由遗传、神经生理特性、功能解剖结构等先天因素决定的，为满足生存需要和完成动作任务而采取的符合人体自然条件、省力和安全的、最优化的动作实现方式[24]。动作模式是有效完成某一动作的具体方法[25]，是训练运动员完成动作时的正确发力顺序[26]。总体来讲，动作模式是人体为适应内外部刺激，多系统互相配合执行动作程序的过程，其内在本质是神经痕迹，形成机制是协调模式，外在表现是单个或多重单个动作[27]。

较为统一的观点是将动作模式分为推、拉、旋转动作模式，并具体分为上肢、下肢、躯干和全身的推、拉、旋转动作模式，或者上肢与躯干、下肢与躯干、全身的推、拉、旋转动作模式[28-30]；也有学者[31]将动作模式分为推拉、旋转、水平位移和竖直运动等“四大支柱运动”动作模式；闫琪[32]对基本动作模式进行研究，并将其分为移动、非移动动作模式；崔运坤等[33]将动作模式分为基本动作模式和专项动作模式，并认为专项动作模式可分为对称和非对称动作模式。

动作模式是强大动作绩效的本源和动作安全的最佳保障[24]，人体动力链的效率取决于动作模式的质量[34]，动作模式的优劣决定了运动成绩的表现[25]。正确的动作模式是提高竞技能力的关键因素之一[32]，而错误的动作模式会造成不良运动姿态或运动损伤[35]，优化动作模式能使运动员的动作更加有效、经济和稳定[36-37]。因此，必须让运动员形成正确的动作模式和运动姿态[38]，且从人体器官的“用进废退”理论来看，科学设计成套动作模式来指导训练是必不可少的[39]。

训练内容是课余训练的重要组成部分，是校园足球功能实现的关键影响因素。我国校园足球课余训练现有研究以重要性、存在的问题等宏观问题居多，其研究内容多涉及课余训练顶层设计领域；而有关训练内容的研究，虽能发现我国校园足球课余训练存在针对性差、创新性差等问题，但其研究结果多停留在发现问题、提出策略等宏观层面，较少深入具体训练内容，难以为我国校园足球课余训练内容的科学化提供足够的参考和指导。所以，未来应更加注重我国校园足球课余训练内容的具体化、科学化研究。现有研究为认识和应用动作模式提供了重要参考，作为运动训练的基础单位和重要内容，动作模式的运用大大提高了运动训练的科学性、严谨性、功能性、实效性，将动作模式引入校园足球课余训练领域必能促进校园足球课余训练的科学化发展。

第三节　研究对象与研究方法

一、研究对象

以“基于动作模式的我国校园足球课余训练内容”为研究对象，重点对我国校园足球课余训练内容的现状、我国校园足球动作模式体系的构建、我国校园足球课余训练内容体系的构建、我国校园足球课余训练内容体系的应用等问题进行研究。

二、研究方法

本研究综合运用文献资料法、专家访谈法、问卷调查法、实地调研法、教学实验法，并引入主成分分析法（PCA）等数据统计法，结合逻辑法对校园足球课余训练的内容进行调查，确定我国校园足球的动作模式体系，构建我国校园足球课余训练的内容体系，并进行教学实验。主要方法介绍如下。

（一）文献资料法

通过中国知网、PubMed、Web of Science、EBSCO、图书馆等平台，查阅与青少年校园足球教学、运动训练、身体训练、体能训练、动作模式，与运动员长期发展规划（Long-Term Athlete Development，LTAD）、青少年身体发展规划（Youth Physical Development YPD）、儿童青少年身体素质发展敏感期、人类动作技能发展规律、运动训练效应规律，与体系构建的原则、步骤，与运动训练设计、运动处方设计的基本原理等有关的文献资料，为本研究提供基础。

（二）专家访谈法

针对研究框架、指标筛选、分析阐述等问题，对部分全国青少年校园足球专家委员会委员、备战奥运会体能训练专家、足球专业队体能教练、省市校园足球发展（研究）中心主任以及部分中小学校园足球教师/教练员和教学名师进行访谈和问卷调查。在进行专家问卷调查时，按照非常重要、比较重要、一般重要、比较不重要、非常不重要的 5、4、3、2、1 的分值编制专家调查问卷，请专家赋值，以便进行数据统计和指标筛选，经过几轮的征询，使专家意见趋于一致；同时采用半开放式问卷，采纳专家对指标筛选的意见和建议。

（三）问卷调查法

根据研究需要，编制《我国校园足球课余训练内容现状调查问卷》，在北京市、上海市、重庆市、福建省、甘肃省、广东省、贵州省、海南省、河北省、黑龙江省、河南省、湖北省、江苏省、吉林省、辽宁省、山东省、山西省、陕西省、四川省、广西壮族自治区、新疆维吾尔自治区、内蒙古自治区、宁夏回族自治区、浙江省等 24 个省（市、区）共计 1500 所学校发放调查问卷，并回收调查问卷 1335 份，有效问卷 1236 份，回收率 92.6%，有效率 82.4%，其中小学 584 份、初中 352 份、高中 300 份。

（四）实地调研法

为保证研究结果的客观性、针对性、实操性，课题组成员和其他研究人员奔赴福建、陕西、辽宁、浙江、广东等 24 个省（市、区）的多个校园足球特色学校进行深入调研。

（五）教学实验法

分别招募小学生、初中生、高中生各 50 人，采用实验组、对照组和前测、后测的实验设计，依据所构建的内容体系筛选实验组的教学内容，而对照组采用传统的教学内容，采用单盲实验法、主试培训、基本指标前测、统计学控制等方法控制无关变量；单次实验程序按照正常教学课的准备、基本、结束三部分的形式开展，总体实验时间为 16 周；实验结束后对学生的足球技能和体能指标进行测试。采用 SPSS 16.0 和 Excel

2010 对实验数据进行统计。

1. 身体练习对小学生校园足球运动表现的影响

实验目的：考察历时 16 周的身体训练对小学生足球技能和体能状况的影响。

实验对象：某小学五年级 2 个足球教学班学生 50 人［均为男生，年龄（11.5±0.547）岁］。将 2 个班分为实验组和对照组，所有被试没有参加过类似的实验、具有 3～4 年足球学习或参与经验。

实验程序：该实验的程序主要包括实验对象招募和分组、实验前测、实验干预、实验后测、数据统计。

实验设计：采用实验组、对照组和前测、后测的实验设计，接受实验处理 *X* 的为实验组，没有接受实验处理 *X* 的为对照组，对两组进行前测和后测，以观察身体干预效应，虚线表示不能随机分组（图 1－1）。

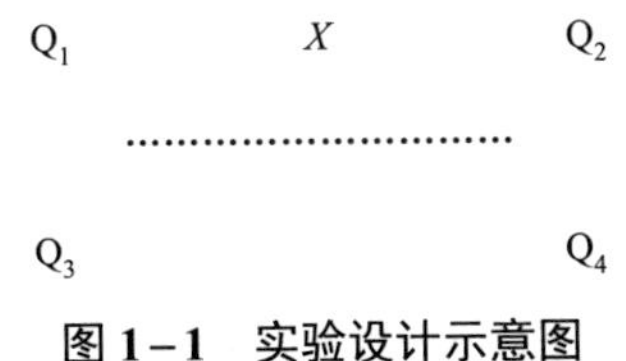

图 1－1　实验设计示意图

身体训练：对照组在身体训练的时间内根据传统或常规的训练安排进行训练。实验组结合校园足球项目特征，根据《全国青少年校园足球教学指南（试行）》（以下简称《指南》）中小学五年级的校园足球教学内容，结合运动员长期发展规划、儿童青少年身体素质发展敏感期（OWT）等研究成果，依据构建的内容体系和专家访谈结果，抽取柔韧、启动速度、加速度、封闭式灵敏、开放式灵敏、视—动协调、听—动协调、肢体协调、力量耐力、反应力量、有氧耐力、静态平衡稳定、动态平衡稳定作为训练内容；并将柔韧性与准备活动、恢复再生融合，将平衡稳定与准备活动、力量训练融合，将协调能力与准备活动、灵敏训练结合，共形成准备活动、恢复再生、速度（启动速度、加速度）、灵敏协调（封闭式灵敏、开放式灵敏、视—动协调、听—动协调、肢体协调)、力量(力量耐力、反应力量)、有氧耐力六大类训练内容，并进行训练方案设计(表 1–1)。

表 1–1 小学阶段身体练习实验方案

内容＼时间	1～4 周	5～8 周	9～13 周	14～15 周	16 周
技术训练	按照《指南》	按照《指南》	按照《指南》	按照《指南》	测试
身体练习	主要练习：功能性力量(每周 3 次)、有氧耐力(每周 2 次) 辅助练习：灵敏协调(每周 3 次，与准备活动结合)	主要练习：力量耐力(每周 3 次)、有氧耐力(每周 2 次) 辅助练习：灵敏协调(每周 3 次，与准备活动结合)	专项速度、灵敏反应(每周 3 次)、专项耐力(每周 2 次)、反应力量(每周 3 次)	灵敏反应(每周 2 次)、反应力量(每周 2 次)	
动作准备	肌筋膜释放：30～40 秒，适当增加 5～10 秒 肌肉激活(2～4 个动作)：臀肌激活、躯干激活等 动态拉伸(4～8 个动作)：扩胸、振臂、侧弓步、后交叉弓步、抱膝前进、摇篮抱腿、后弓步旋转、伟大拉伸 动作整合(4～6 个动作)：直腿军步走、直腿垫步跳、纵向和横向军步走 神经系统激活(4～6 个动作)：前后跳、左右跳、2 英寸(约 5.1cm)碎步跑、快速转髋				
恢复再生	慢跑，静态拉伸 10～60 秒、2～3 次，腹式呼吸				

其他训练：对照组和实验组的技术、战术等其他训练采用《指南》中小学五年级的校园足球教学内容且训练方法、手段、负荷相同。

实验控制：为保证教学内容和评价标准一致，本实验技能教学采用统一的教案，测试采用统一的评分标准 [《学生足球运动技能等级评定标准(试行)》中的一级标准和《国家学生体质健康标准》]；为消除练习次数的影响，本研究中各实验组课堂练习次数一致；为消除被试效应，实验前对基本身体素质进行测试；为消除主试效应，对任课教师、考评教师和聘任研究人员进行培训。

2. 身体练习对初中生校园足球运动表现的影响

实验目的：考察历时 16 周的身体训练对初中生足球技能和体能状况的影响。

实验对象：某初中二年级 2 个足球教学班学生 50 人［均为男生，年龄（14.8±0.753）岁］。将 2 个班分为实验组和对照组，所有被试没有参加过类似的实验、具有一定的足球学习或参与经验。

实验程序：该实验的程序主要包括实验对象招募和分组、实验前测、实验干预、实验后测、数据统计。

实验设计：采用实验组、对照组和前测、后测的实验设计，接受实验处理 X 的为实验组，没有接受实验处理 X 的为对照组，对两组进行前测和后测，以观察身体干预效应，虚线表示不能随机分组（图 1－1）。

对照组和实验组的技术训练采用《指南》中初中二年级的校园足球教学内容，且训练方法、手段、负荷相同，但在身体练习的训练安排上有所差异。对照组在身体训练的时间内根据传统或常规的训练安排进行训练。实验组结合校园足球项目特征，根据《指南》中初中二年级的校园足球教学内容，结合运动员长期发展规划、儿童青少年身体素质发展敏感期等研究成果，依据构建的内容体系和专家访谈结果，抽取柔韧、启动速度、加速度、最大速度、封闭式灵敏、开放式灵敏、视—动协调、听—动协调、肢体协调、最大力量、启动力量、制动力量、力量耐力、反应力量、爆发力、有氧耐力、无氧耐力、静态平衡稳定、动态平衡稳定、反应平衡稳定作为训练内容；并将柔韧性与准备活动、恢复再生融合，将平衡稳定与准备活动、力量训练融合，将协调能力与准备活动、灵敏训练结合，共形成准备活动、恢复再生、速度（启动速度、加速度、最大速度）、灵敏协调（封闭式灵敏、开放式灵敏、视—动协调、听—动协调、肢体协调）、力量（最大力量、启动力量、制动力量、力量耐力、反应力量、爆发力）、有氧耐力六大类训练内容，并进行训练方案设计（表 1–2）。

表 1–2　初中阶段身体练习实验方案

<table>
<tr><th>内容＼时间</th><th>1～4 周</th><th>5～8 周</th><th>9～13 周</th><th>14～15 周</th><th>16 周</th></tr>
<tr><td>技术训练</td><td>按照《指南》</td><td>按照《指南》</td><td>按照《指南》</td><td>按照《指南》</td><td rowspan="2">测试</td></tr>
<tr><td>身体练习</td><td>主要练习：基础/增肌力量（每周 3 次）、有氧耐力（每周 2 次）
辅助练习：灵敏协调（每周 3 次，与准备活动结合）</td><td>主要练习：最大力量（每周 3 次）、无氧耐力（每周 2 次）
辅助练习：灵敏协调（每周 3 次，与准备活动结合）</td><td>专项灵敏反应+专项速度+专项耐力（每周 3 次）、爆发力和反应力量（每周 3 次）</td><td>专项灵敏反应+专项速度（每周 2 次）、爆发力和反应力量（每周 2 次）</td></tr>
<tr><td>动作准备</td><td colspan="5">肌筋膜释放：30～40 秒，适当增加 5～10 秒
肌肉激活（2～4 个动作）：臀肌激活、躯干激活等
动态拉伸（4～8 个动作）：扩胸、振臂、侧弓步、后交叉弓步、抱膝前进、摇篮抱腿、后弓步旋转、伟大拉伸
动作整合（4～6 个动作）：直腿军步走、直腿垫步跳、纵向和横向军步走
神经系统激活（4～6 个动作）：快速反应——前后跳、左右跳、2 英寸（约 5.1cm）碎步跑、快速转髋</td></tr>
<tr><td>恢复再生</td><td colspan="5">慢跑，静态拉伸 10～60 秒、2～3 次，腹式呼吸</td></tr>
</table>

实验控制：为保证教学内容和评价标准一致，本实验技能教学采用统一的教案，测试采用统一的评分标准［《学生足球运动技能等级评定标准（试行）》中的三级标准和《国家学生体质健康标准》］；为消除练习次数的影响，本研究中各实验组课堂练习次数一致；为消除被试效应，实验前对被试基本身体素质进行测试；为消除主试效应，对任课教师、考评教师和聘任研究人员进行培训。

3. 身体练习对高中生校园足球运动表现的影响

实验目的：考察历时 16 周的身体训练对高中生足球技能和体能状况的影响。

实验对象：某高中二年级 2 个足球教学班学生 50 人［均为男生，年龄（17.7±0.817）岁］。将 2 个班分为实验组和对照组，所有被试没有参加过类似的实验、具有一定的足球学习或参与经验。

实验程序：该实验的程序主要包括实验对象招募和分组、实验前测、实验干预、实验后测、数据统计。

实验设计：采用实验组、对照组和前测、后测的实验设计，接受实验处理 X 的为实验组，没有接受实验处理 X 的为对照组，对两组进行前测和后测，以观察身体干预效应，虚线表示不能随机分组（图 1－1）。

对照组和实验组的技术训练采用《指南》中高中二年级的校园足球教学内容，且训练方法、手段、负荷相同，但在身体练习的训练安排上有所差异。对照组在身体训练的时间内根据传统或常规的训练安排进行训练。实验组结合校园足球项目特征，根据《指南》中高中二年级的校园足球教学内容，结合运动员长期发展规划、儿童青少年身体素质发展敏感期等研究成果，依据构建的内容体系和专家访谈结果，抽取柔韧、启动速度、加速度、封闭式灵敏、开放式灵敏、视—动协调、听—动协调、肢体协调、力量耐力、反应力量、有氧耐力、静态平衡稳定、动态平衡稳定作为训练内容；并将柔韧性与准备活动、恢复再生融合，平衡稳定与准备活动、力量训练融合，将协调能力与准备活动、灵敏训练结合，共形成准备活动、恢复再生、速度（启动速度、加速度）、灵敏协调（封闭式灵敏、开放式灵敏、视—动协调、听—动协调、肢体协调）、力量（力量耐力、反应力量）、有氧耐力六大类训练内容，并进行训练方案设计（表 1－3）。

表1－3 高中阶段身体练习实验方案

<table>
<tr><th>时间
内容</th><th>1～4 周</th><th>5～8 周</th><th>9～13 周</th><th>14～15 周</th><th>16 周</th></tr>
<tr><td>技术训练</td><td>按照《指南》</td><td>按照《指南》</td><td>按照《指南》</td><td>按照《指南》</td><td rowspan="2">测试</td></tr>
<tr><td>身体练习</td><td>主要练习：基础/增肌力量（每周 3 次）、有氧耐力（每周 2 次）
辅助练习：灵敏协调（每周 3 次，与准备活动结合）</td><td>主要练习：最大力量（每周 3 次）、无氧耐力（每周 2 次）
辅助练习：灵敏协调（每周 3 次，与准备活动结合）</td><td>专项灵敏反应+专项速度+专项耐力（每周 3 次）、爆发力和反应力量（每周 3 次）</td><td>专项灵敏反应+专项速度（每周 2 次）、爆发力和反应力量（每周 2 次）</td></tr>
<tr><td>动作准备</td><td colspan="5">肌筋膜释放：30～40 秒，适当增加 5～10 秒
肌肉激活（2～4 个动作）：臀肌激活、躯干激活等
动态拉伸（4～8 个动作）：扩胸、振臂、侧弓步、后交叉弓步、抱膝前进、摇篮抱腿、后弓步旋转、伟大拉伸
动作整合（4～6 个动作）：直腿军步走、直腿垫步跳、纵向和横向军步走。
神经系统激活（4～6 个动作）：快速反应——前后跳、左右跳、2 英寸（约 5.1cm）碎步跑、快速转髋</td></tr>
<tr><td>恢复再生</td><td colspan="5">慢跑，静态拉伸 10～60 秒、2～3 次，腹式呼吸</td></tr>
</table>

实验控制：为保证教学内容和评价标准一致，本实验技能教学采用统一的教案，测试采用统一的评分标准［《学生足球运动技能等级评定标准（试行）》中的四级标准和《国家学生体质健康标准》］；为消除练习次数的影响，本研究中各实验组课堂练习次数一致；为消除被试效应，实验前对被试基本身体素质进行测试；为消除主试效应，对任课教师、考评教师和聘任研究人员进行培训。

（六）数据统计法

采用 SPSS 16.0 和 Excel 2010 进行数据统计，主要进行平均数（专家意见集中度[40]）、变异系数（专家意见协调性[40]）、主成分因子分析、描述性统计、卡方检验（交叉分析）、两独立样本 t 检验等数据统计。

（七）逻辑法

采用归纳、演绎、分析、综合等逻辑法对研究结果进行阐述。

第二章
我国校园足球课余训练内容的现状及解决思路

课余训练是我国青少年校园足球活动的重要组成部分，也是我国青少年校园足球推广的难点[41]。教育部等六部门《关于加快发展青少年校园足球的实施意见》（教体艺〔2015〕6号）指出，“教育部门会同体育等部门指导学校制定科学的校园足球训练计划，合理组织校园足球课余训练，为喜欢足球和有足球潜能的学生提供学习和训练机会”。但是，随着青少年校园足球在全国范围的推进和发展，“课余训练较薄弱”[1]“课余训练科学化水平不高”[42]等问题逐渐暴露，课余训练问题已然成为与我国青少年校园足球可持续发展密切相关的问题[43]。

解决课余训练存在的问题是促进我国青少年校园足球可持续发展的重要路径。《全国青少年校园足球教学训练竞赛体系建设方案（试行）》[44]的发布，以及《青少年校园足球课余训练大纲》的编制[45]，必将为我国青少年校园足球课余训练的开展提供重要的参考和指导。遗憾的是，当前我国青少年校园足球课余训练的研究却严重滞后，且存在研究数量不足、研究质量不高、研究方法落后、系列研究缺乏等问题，无法为我国青少年校园足球课余训练开展的科学性、实效性、操作性、针对性提供足够的参考。

鉴于此，本章以“我国青少年校园足球课余训练内容现状及解决思路”为主题，遵循“发现问题—解决问题”的研究逻辑，采用文献资料、专家访谈、问卷调查、统计法、逻辑法等研究方法，抽取北京市、上海市、重庆市、福建省、甘肃省、广东省、贵州省、海南省、河北省、黑龙江省、河南省、湖北省、江苏省、吉林省、辽宁省、山东省、山西省、陕西省、四川省、广西壮族自治区、新疆维吾尔自治区、内蒙古自治区、宁夏回族自治区、浙江省等24个省（市、区）共计1236所学校进行调查，其中小学584所、初中352所、高中300所[43]。在客观分析我国青少年校园足球课余训练内容存在的问题的基础上，分析影响我国校园足球课余训练内容的主要因素，进而尝试提出我国青少年校园足球课余训练的发展思路，为我国青少年校园足球的课余训练提供些许参考，并抛砖引玉，以求引起学界和业界对我国青少年校园足球课余训练的重视和深思。

第一节 我国校园足球课余训练内容选择的依据状况

一、我国校园足球课余训练内容选择的政策依据状况

我国青少年校园足球活动开展的初期，教学和训练的相关标准仍处于酝酿、借鉴、编制阶段，但由于校园足球活动发展的速度极快、规模巨大，“一校一品”[46]等校园足球相关工作登上舞台，各省市和学校根据校园足球开展实际制定了相关标准，调查发现，48.87%和34.30%的学校存在执行自主校本课程标准和省市自主课程标准的状况。随着认识的不断提高，为了避免标准不一、各自为政等情况的出现，2016年我国相继颁布了《指南》《学生足球运动技能等级评定标准（试行）》等文件，为我国青少年校园足球课余训练的开展提供了参考和依据。但是调查发现，《指南》和《学生足球运动技能等级评定标准（试行）》两个文件在校园足球课余训练中的执行率仅为56.96%和45.95%。当然，“一校一品”“百花齐放”是值得鼓励和提倡的，是我国青少年校园足球课余训练发展的必经阶段，也符合我国幅员辽阔、区域差异大的现实国情，但《指南》和《学生足球运动技能等级评定标准（试行）》的执行率偏低，凸显了当前校园足球课余训练依据不统一、标准不统一的客观现实，不利于我国青少年校园足球课余训练的科学性、长期性发展[43]（表2-1）。

表 2－1　校园足球课余训练内容选择依据（政策）（n=1236）

依据	频数/所	百分比/%
《指南》	704	56.96
《学生足球运动技能等级评定标准（试行）》	568	45.95
省市教育部门制定的标准	424	34.30
自主制定的校本课程标准	604	48.87
其他	136	11.00

（一）政策依据的经济水平差异

课题组根据 2019 年中国人均地区生产总值（以下简称人均 GDP）[47]，将北京、上海、江苏、福建、浙江、广东、天津、湖北、重庆、山东划分为人均 GDP 一区，将内蒙古、陕西、安徽、湖南、辽宁、海南、河南、四川、新疆、宁夏划分为人均 GDP 二区，将江西、青海、西藏、云南、贵州、河北、山西、吉林、广西、黑龙江、甘肃划分为人均 GDP 三区。采用卡方检验进行统计，结果发现：在《学生足球运动技能等级评定标准（试行）》的依据上，不同经济水平省份（市）的差异不具有统计学意义（$P>0.05$）；但在《指南》、省市教育部门制定的标准、自主制定的校本课程标准以及其他依据四个方面，不同经济水平省份（市、区）的差异具有统计学意义（$P<0.05$）（表 2－2）。

在《指南》依据上差异具有显著性（$\chi^2=9.070$，$P=0.011<0.05$），人均 GDP 二区样本未选中该依据的比例为 48.65%，明显高于平均水平 43.04%，侧面表明人均 GDP 二区样本执行《指南》的力度不足；在省市教育部门制定的标准依据上的差异具有显著性（$\chi^2=13.439$，$P=0.001<0.01$），人均 GDP 三区样本未选中该依据的比例为 76.47%，明显高于平均水平 65.70%，侧面表明人均 GDP 三区样本对省市教育部门制定的标准的执行力度不够；在自主制定的校本课程标准依据上的差异具有显著性（$\chi^2=6.337$，$P=0.042<0.05$），人均 GDP 二区样本未选中该依据的比例为 55.86%，明显高于平均水平 51.13%，侧面表明人均 GDP 二区样本

的自主制定的校本课程标准相对缺乏；在其他依据上的差异也具有显著性（χ^2=10.206，P=0.006＜0.01），人均 GDP 三区样本未选中该依据的比例为 97.06%，明显高于平均水平 89.00%，侧面表明人均 GDP 三区样本制定校园足球课余训练内容的其他依据不足。

表 2－2 政策依据的经济水平差异

（单位：所）

依据	选择	人均 GDP			总计	χ^2	P
		一区	二区	三区			
《指南》	未选	264（40.24%）	216（48.65%）	52（38.24%）	532（43.04%）	9.070	0.011*
	选中	392（59.76%）	228（51.35%）	84（61.76%）	704（56.96%）		
《学生足球运动技能等级评定标准（试行）》	未选	364（55.49%）	240（54.05%）	64（47.06%）	668（54.05%）	3.222	0.200
	选中	292（44.51%）	204（45.95%）	72（52.94%）	568（45.95%）		
省市教育部门制定的标准	未选	404（61.59%）	304（68.47%）	104（76.47%）	812（65.70%）	13.439	0.001**
	选中	252（38.41%）	140（31.53%）	32（23.53%）	424（34.30%）		
自主制定的校本课程标准	未选	316（48.17%）	248（55.86%）	68（50.00%）	632（51.13%）	6.337	0.042*
	选中	340（51.83%）	196（44.14%）	68（50.00%）	604（48.87%）		
其他	未选	576（87.80%）	392（88.29%）	132（97.06%）	1100（89.00%）	10.206	0.006**
	选中	80（12.20%）	52（11.71%）	4（2.94%）	136（11.00%）		

注：χ^2 为卡方值；P 表示显著性，下同。*为 P＜0.05，**为 P＜0.01。

（二）政策依据的区域地方差异

课题组根据国家区域分布将区域地方样本划分为东部、西部、中部，东部地区包括北京、天津、河北、辽宁、上海、江苏、浙江、福建、山东、广东和海南 11 个省级行政区，中部地区包括山西、吉林、黑龙江、安徽、江西、河南、湖北、湖南 8 个省级行政区，西部地区包括四川、重庆、贵州、云南、西藏、陕西、甘肃、青海、宁夏、新疆、广西、内蒙古 12 个省级行政区。然后采用卡方检验进行统计，结果发现：区域地方样本对于《指南》、《学生足球运动技能等级评定标准（试行）》、省市教育部门制定的标准、自主制定的校本课程标准、其他依据执行的差异均呈现出显著性（$P<0.05$）（表 2－3）。

表 2－3　政策依据的区域地方差异

（单位：所）

依据	选择	区域地方			总计	χ^2	P
		东	中	西			
《指南》	未选	304（40.64%）	156（44.32%）	72（52.94%）	532（43.04%）	7.428	0.024*
	选中	444（59.36%）	196（55.68%）	64（47.06%）	704（56.96%）		
《学生足球运动技能等级评定标准（试行）》	未选	388（51.87%）	232（65.91%）	48（35.29%）	668（54.05%）	40.625	0.000**
	选中	360（48.13%）	120（34.09%）	88（64.71%）	568（45.95%）		
省市教育部门制定的标准	未选	472（63.10%）	272（77.27%）	68（50.00%）	812（65.70%）	38.034	0.000**
	选中	276（36.90%）	80（22.73%）	68（50.00%）	424（34.30%）		
自主制定校本课程的标准	未选	392（52.41%）	188（53.41%）	52（38.24%）	632（51.13%）	10.269	0.006**
	选中	356（47.59%）	164（46.59%）	84（61.76%）	604（48.87%）		
其他	未选	668（89.30%）	296（84.09%）	136（100.00%）	1100（89.00%）	25.538	0.000**
	选中	80（10.70%）	56（15.91%）	0（0.00%）	136（11.00%）		

注：*为 $P<0.05$，**为 $P<0.01$。

具体表现为：

区域地方样本对于《指南》依据的差异呈现出显著性（χ^2=7.428，P=0.024＜0.05），通过百分比对比可知，西部地区未选中该依据的比例为 52.94%，明显高于平均水平 43.04%，侧面表明所抽选的西部地区样本对《指南》的执行力度不够。区域地方样本对于《学生足球运动技能等级评定标准（试行）》依据的差异呈现出显著性（χ^2=40.625，P=0.000＜0.01），通过百分比对比可知，中部地区未选中该依据的比例为 65.91%，明显高于平均水平 54.05%；而西部地区选中该依据的比例为 64.71%，明显高于平均水平 45.95%，侧面表明中部地区对《学生足球运动技能等级评定标准（试行）》的执行力度不足，而西部地区执行最好。区域地方样本对于省市教育部门制定的标准依据的差异呈现出显著性（χ^2=38.034，P=0.000＜0.01），中部地区未选中该依据的比例为 77.27%，明显高于平均水平 65.70%；而西部地区选中该依据的比例为 50.00%，明显高于平均水平 34.30%，侧面表明中部地区对省市教育部门制定的标准的执行力度不足，而西部地区执行最好。区域地方样本对于自主制定的校本课程标准依据的差异呈现出显著性（χ^2=10.269，P=0.006＜0.01），西部地区选中该依据的比例为 61.76%，明显高于平均水平 48.87%，侧面表明西部地区自主制定的校本课程标准较多。区域地方样本对于其他依据的差异呈现出显著性（χ^2=25.538，P=0.000＜0.01），西部地区未选中该依据的比例为 100.00%，明显高于平均水平 89.00%，侧面表明西部地区校园足球课余训练内容制定的其他依据相对缺乏。

（三）政策依据的教学阶段差异

课题组根据目前我国国民教育系列学段分类，抽取小学、初中、高中三个教学阶段进行调查，并采用卡方检验进行统计，结果发现：不同教学阶段在其他依据上的差异不具有显著性（P＞0.05），但在《指南》《学生足球运动技能等级评定标准（试行）》、省市教育部门制定的标准、自主制定的校本课程标准 4 项依据上的差异呈现出显著性（$P<0.05$）（表 2-4）。

表 2-4　政策依据的教学阶段差异

（单位：所）

依据	选择	教学阶段			总计	χ^2	p
		小学	初中	高中			
《指南》	未选	244（41.78%）	132（37.50%）	156（52.00%）	532（43.04%）	14.608	0.001**
	选中	340（58.22%）	220（62.50%）	144（48.00%）	704（56.96%）		
《学生足球运动技能等级评定标准（试行）》	未选	356（60.96%）	152（43.18%）	160（53.33%）	668（54.05%）	28.026	0.000**
	选中	228（39.04%）	200（56.82%）	140（46.67%）	568（45.95%）		
省市教育部门制定标准	未选	420（71.92%）	212（60.23%）	180（60.00%）	812（65.70%）	19.022	0.000**
	选中	164（28.08%）	140（39.77%）	120（40.00%）	424（34.30%）		
自主制定校本课程标准	未选	248（42.47%）	196（55.68%）	188（62.67%）	632（51.13%）	36.443	0.000**
	选中	336（57.53%）	156（44.32%）	112（37.33%）	604（48.87%）		
其他	未选	528（90.41%）	316（89.77%）	256（85.33%）	1100（89.00%）	5.521	0.063
	选中	56（9.59%）	36（10.23%）	44（14.67%）	136（11.00%）		

注：**为 $P<0.01$。

具体表现为：

不同教学阶段对于《指南》的依据差异呈现出显著性（χ^2=14.608，P=0.001＜0.01），高中阶段样本未选该依据的比例为 52.00%，明显高于平均水平 43.04%；初中阶段样本选择该依据的比例为 62.50%，明显高于平均水平 56.96%，侧面说明高中阶段样本执行《指南》的力度较差，而初中阶段样本执行最好。对于《学生足球运动技能等级评定标准（试行）》依据的差异呈现出显著性（χ^2=28.026，P=0.000＜0.01），小学阶段样本未选中该依据的比例为 60.96%，明显高于平均水平 54.05%；初中阶段样本选择该依据的比例为 56.82%，明显高于平均水平 45.95%，侧面说明小学阶段样本执行《学生足球运动技能等级评定标准（试行）》的力度最差，而初中阶段样本执行最好。对于省市教育部门制定的标准依据的差异呈现出显著性（χ^2=19.022，P=0.000＜0.01），小学阶段样本未选择该依据的比例为 71.92%，明显高于平均水平 65.70%；高中阶段样本选择该依据的比例为 40.00%，明显高于平均水平 34.30%；初中阶段样本选择该依据的比例为 39.77%，明显高于平均水平 34.30%，侧面表明小学阶段样本对省市教育部门制定的标准的执行力度不足，而初中和高中阶段样本的执行较好。对于自主制定的校本课程标准依据的差异呈现出显著性（χ^2=36.443，P=0.000＜0.01），高中阶段样本未选该依据的比例为 62.67%，明显高于平均水平 51.13%；小学阶段样本选中该依据的比例为 57.53%，明显高于平均水平 48.87%，侧面表明高中阶段样本自主制定的样本课程标准缺乏，而小学阶段样本更多地采用自主制定的课程标准进行校园足球的课余训练。

二、我国校园足球课余训练内容选择的项目特点依据状况

课题组抽取 1236 名教练员、教师进行调查，结果发现：在校园足球项目特点的范畴内，校园足球课余训练的方法选择依据主要是动作模式（82.20%）、能量供应（38.59%）、损伤特点（37.62%）、比赛规则（71.76%）、战术特点（68.37%）以及其他依据（7.28%）。由此可见，动作模式、比赛规则、战术特点是教练员、教师选择校园足球课余训练内容的重要依据；部分教练员、教师根据国外成功经验等设计课余训练内容；但能量供应、损伤特点的选择比例过低，严重影响了校园足球课余训练内容选择的科学性[48]（表 2－5）。

表 2－5　校园足球课余训练内容选择依据（项目特点）（*n*=1236）

依据	频数/所	百分比/%
动作模式	1016	82.20
能量供应	477	38.59
损伤特点	465	37.62
比赛规则	887	71.76
战术特点	845	68.37%
其他	90	7.28%

（一）项目特点依据的经济水平差异

为进一步探讨不同经济水平省份（市、区）样本根据项目特点选择校园足球课余训练内容的差异，利用卡方检验进行统计，结果发现：不同经济水平省份（市、区）样本对于其他依据的差异不具有显著性（$P>0.05$），但对于动作模式、能量供应、损伤特点、比赛规则、战术特点 5 项的各自差异呈现出显著性（$P<0.05$）。具体表现为：不同经济水平省份（市、区）样本对于动作模式依据的差异呈现显著性（$\chi^2=10.236$，$P=0.006<0.01$），人均 GDP 三区样本选择该依据的比例为 87.50%，明显高于平均水平 82.20%；对于能量供应依据的差异呈现显著性（$\chi^2=8.275$，$P=0.016<0.05$），人均 GDP 三区样本未选择该依据的比例为 67.67%，明显高于平均水平 61.41%；对于损伤特点依据的差异呈现显著性（$\chi^2=20.306$，$P=0.000<0.01$），人均 GDP 三区样本未选择该依据的比例为 74.14%，明显高于平均水平 62.38%；对于比赛规则依据的差异呈现显著性（$\chi^2=10.103$，$P=0.006<0.01$），人均 GDP 三区样本未选择该依据的比例为 36.21%，明显高于平均水平 28.24%；对于战术特点依据的差异呈现显著性（$\chi^2=8.522$，$P=0.014<0.05$），人均 GDP 三区样本未选择该依据的比例为 34.48%，明显高于平均水平 28.64%。分析上述数据可知，人均 GDP 三区样本在开展校园足球课余训练时对基本动作、技术的重视程度很高，但是对能量供应、损伤特点、比赛规则、战术特点等重

视程度不足（表 2–6）。

表 2–6　项目特点依据的经济水平差异

（单位：所）

依据	选择	人均 GDP			总计	χ^2	P
		一区	二区	三区			
动作模式	未选	151（20.63%）	40（14.71%）	29（12.50%）	220（17.80%）	10.236	0.006**
	选中	581（79.37%）	232（85.29%）	203（87.50%）	1016（82.20%）		
能量供应	未选	426（58.20%）	176（64.71%）	157（67.67%）	759（61.41%）	8.275	0.016*
	选中	306（41.80%）	96（35.29%）	75（32.33%）	477（38.59%）		
损伤特点	未选	424（57.92%）	175（64.34%）	172（74.14%）	771（62.38%）	20.306	0.000**
	选中	308（42.08%）	97（35.66%）	60（25.86%）	465（37.62%）		
比赛规则	未选	200（27.32%）	65（23.90%）	84（36.21%）	349（28.24%）	10.103	0.006**
	选中	532（72.68%）	207（76.10%）	148（63.79%）	887（71.76%）		
战术特点	未选	200（27.32%）	74（27.21%）	80（34.48%）	354（28.64%）	8.522	0.014*
	选中	532（72.68%）	198（72.79%）	152（65.52%）	882（71.36%）		
其他	未选	678（92.62%）	249（91.54%）	219（94.40%）	1146（92.72%）	1.533	0.465
	选中	54（7.38%）	23（8.46%）	13（5.60%）	90（7.28%）		

注：*为 $P<0.05$，**为 $P<0.01$。

（二）项目特点依据的区域地方差异

本研究对东部、中部、西部的区域地方选择课余训练内容的依据进行了研究，利用卡方检验进行统计，结果发现：不同区域地方样本对于能量供应、比赛规则、战术特点、其他依据等 4 项的选择差异不具有显著性（P＞0.05），但对损伤特点的选择差异呈现显著性（χ^2=9.913，P=0.007＜0.01）。具体表现为：西部区域样本未选择损伤特点作为课余训练内容依据的比例为 74.47%，明显高于平均水平 62.38%，侧面说明西部区域样本在开展校园足球课余训练时关注损伤特点的程度不够（表 2–7）。

表 2–7　项目特点依据的区域地方差异

（单位：所）

依据	选择	区域地方			总计	χ^2	P
		东	中	西			
能量供应	未选	315（58.55%）	350（62.84%）	94（66.67%）	759（61.41%）	3.979	0.137
	选中	223（41.45%）	207（37.16%）	47（33.33%）	477（38.59%）		
损伤特点	未选	327（60.78%）	339（60.86%）	105（74.47%）	771（62.38%）	9.913	0.007**
	选中	211（39.22%）	218（39.14%）	36（25.53%）	465（37.62%）		
比赛规则	未选	152（28.25%）	148（26.57%）	49（34.75%）	349（28.24%）	3.716	0.156
	选中	386（71.75%）	409（73.43%）	92（65.25%）	887（71.76%）		
战术特点	未选	171（31.78%）	171（30.70%）	49（34.75%）	391（31.63%）	0.864	0.649
	选中	367（68.22%）	386（69.30%）	92（65.25%）	845（68.37%）		
其他	未选	500（92.94%）	515（92.46%）	131（92.91%）	1146（92.72%）	0.101	0.951
	选中	38（7.06%）	42（7.54%）	10（7.09%）	90（7.28%）		

注：**为 P＜0.01。

（三）项目特点依据的教学阶段差异

分析小学、初中、高中阶段校园足球课余训练内容的选择依据发现，不同教学阶段样本对于能量供应、损伤特点、比赛规则、战术特点的选择差异不具有显著性（$P>0.05$），但对于其他依据的选择差异呈现显著性（$\chi^2=6.098$，$P=0.047<0.05$）。具体表现为：高中阶段未选中其他依据的比例为 97.18%，明显高于平均水平 92.72%（表 2–8）。

表 2–8　项目特点依据的教学阶段差异

（单位：所）

依据	选择	教学阶段			总计	χ^2	p
		小学	初中	高中			
能量供应	未选	399（58.68%）	244（64.38%）	116（65.54%）	759（61.41%）	4.827	0.09
	选中	281（41.32%）	135（35.62%）	61（34.46%）	477（38.59%）		
损伤特点	未选	415（61.03%）	238（62.80%）	118（66.67%）	771（62.38%）	1.943	0.379
	选中	265（38.97%）	141（37.20%）	59（33.33%）	465（37.62%）		
比赛规则	未选	179（26.32%）	115（30.34%）	55（31.07%）	349（28.24%）	2.761	0.251
	选中	501（73.68%）	264（69.66%）	122（68.93%）	887（71.76%）		
战术特点	未选	230（33.82%）	110（29.02%）	51（28.81%）	391（31.63%）	3.352	0.187
	选中	450（66.18%）	269（70.98%）	126（71.19%）	845（68.37%）		
其他	未选	626（92.06%）	348（91.82%）	172（97.18%）	1146（92.72%）	6.098	0.047*
	选中	54（7.94%）	31（8.18%）	5（2.82%）	90（7.28%）		

注：*为 $P<0.05$，**为 $P<0.01$。

三、我国校园足球课余训练内容选择的学生特点依据状况

调查发现，在学生/运动员特点的范畴内，校园足球教练员、教师选择课余训练内容的依据主要是身体素质（90.13%）、战术素养（82.04%）、

技术风格（75.89%）、心理特点（69.34%）、智能状况（43.61%）、损伤状况（40.37%）和其他（4.05%）。由此可知，由体能、战术、技术、心理组成的学生/运动员的竞技能力是教师和教练员选择校园足球课余训练内容的重要依据；但学生/运动员的智能和损伤状况的选择比例较低，降低了课余训练的执行力，并会造成安全隐患[48]（表 2–9）。

表 2–9　校园足球课余训练内容选择依据（学生/运动员特点）（n=1236）

依据	频数/所	百分比/%
身体素质	1114	90.13
战术素养	1014	82.04
技术风格	938	75.89
心理特点	857	69.34
智能状况	539	43.61
损伤状况	499	40.37
其他	50	4.05

（一）学生特点依据的经济水平差异

研究不同经济水平省份（市、区）样本选择校园足球课余训练内容依据的差异发现，不同经济水平省份（市、区）样本对于战术素养、技术风格、身体素质的选择差异不具有显著性（$P>0.05$），而对于心理特点、智能状况、损伤状况、其他依据的选择差异呈现显著性（$P<0.05$）。具体表现为：不同经济水平省份（市、区）样本对于心理特点的选择差异呈现显著性（χ^2=10.287，P=0.006<0.01），人均 GDP 三区样本未选中该依据的比例为 38.79%，明显高于平均水平 30.66%；对于智能状况的选择差异呈现显著性（χ^2=16.113，P=0.000<0.01），人均 GDP 三区样本未选中该依据的比例为 68.10%，明显高于平均水平 56.39%；对于损伤状况的选择差异呈现显著性（χ^2=10.575，P=0.005<0.01），人均 GDP 三区样本未选中该依据的比例为 68.97%，明显高于平均水平 59.63%；对

于其他依据的选择差异呈现显著性（χ^2=6.241，P=0.044＜0.05），人均GDP三区样本未选中该项的比例为98.71%，明显高于平均水平95.95%。以上数据表明，人均GDP三区样本在校园足球课余训练内容的选择上给予学生心理状况、智能状况、损伤状况和其他事项的关注度不足（表2-10）。

表2-10 学生特点依据的经济水平差异

（单位：所）

依据	选择	人均GDP			总计	χ^2	P
		一区	二区	三区			
战术素养	未选	136（18.58%）	39（14.34%）	47（20.26%）	222（17.96%）	3.444	0.179
	选中	596（81.42%）	233（85.66%）	185（79.74%）	1014（82.04%）		
技术风格	未选	178（24.32%）	65（23.90%）	55（23.71%）	298（24.11%）	0.044	0.978
	选中	554（75.68%）	207（76.10%）	177（76.29%）	938（75.89%）		
身体素质	未选	77（10.52%）	18（6.62%）	27（11.64%）	122（9.87%）	4.396	0.111
	选中	655（89.48%）	254（93.38%）	205（88.36%）	1114（90.13%）		
心理特点	未选	203（27.73%）	86（31.62%）	90（38.79%）	379（30.66%）	10.287	0.006**
	选中	529（72.27%）	186（68.38%）	142（61.21%）	857（69.34%）		
智能状况	未选	390（53.28%）	149（54.78%）	158（68.10%）	697（56.39%）	16.113	0.000**
	选中	342（46.72%）	123（45.22%）	74（31.90%）	539（43.61%）		
损伤状况	未选	424（57.92%）	153（56.25%）	160（68.97%）	737（59.63%）	10.575	0.005**
	选中	308（42.08%）	119（43.75%）	72（31.03%）	499（40.37%）		
其他	未选	700（95.63%）	257（94.49%）	229（98.71%）	1186（95.95%）	6.241	0.044*
	选中	32（4.37%）	15（5.51%）	3（1.29%）	50（4.05%）		

注：*为P＜0.05，**为P＜0.01。

（二）学生特点依据的区域地方差异

本研究对东部、中部、西部的区域地方选择课余训练内容的依据进行了研究，发现不同区域地方样本对于技术风格、身体素质、智能状况、损伤状况、其他依据的选择差异不具有显著性（P>0.05），而对于战术素养、心理特点的选择差异呈现显著性（P<0.05）。具体表现为：不同区域地方样本对于战术素养的选择差异呈现显著性（χ^2=6.719，P=0.035<0.05），西部区域样本未选择该依据的比例为 25.53%，明显高于平均水平 17.96%；对于心理特点的选择差异呈现显著性（χ^2=18.372，P=0.000<0.01），西部区域样本未选择该依据的比例为 43.97%，明显高于平均水平 30.66%。该数据表明，西部区域样本在开展校园足球课余训练时对学生的战术素养和心理特点的重视程度不足（表 2–11）。

表 2–11　学生特点依据的区域地方差异

（单位：所）

依据	选择	区域地方			总计	χ^2	P
		东部	中部	西部			
战术素养	未选	96（17.84%）	90（16.16%）	36（25.53%）	222（17.96%）	6.719	0.035*
	选中	442（82.16%）	467（83.84%）	105（74.47%）	1014（82.04%）		
技术风格	未选	118（21.93%）	144（25.85%）	36（25.53%）	298（24.11%）	2.474	0.290
	选中	420（78.07%）	413（74.15%）	105（74.47%）	938（75.89%）		
身体素质	未选	57（10.59%）	48（8.62%）	17（12.06%）	122（9.87%）	2.058	0.357
	选中	481（89.41%）	509（91.38%）	124（87.94%）	1114（90.13%）		
心理特点	未选	173（32.16%）	144（25.85%）	62（43.97%）	379（30.66%）	18.372	0.000**
	选中	365（67.84%）	413（74.15%）	79（56.03%）	857（69.34%）		
智能状况	未选	312（57.99%）	296（53.14%）	89（63.12%）	697（56.39%）	5.549	0.062
	选中	226（42.01%）	261（46.86%）	52（36.88%）	539（43.61%）		

续表

依据	选择	区域地方			总计	χ^2	P
		东部	中部	西部			
损伤状况	未选	328（60.97%）	319（57.27%）	90（63.83%）	737（59.63%）	2.720	0.257
	选中	210（39.03%）	238（42.73%）	51（36.17%）	499（40.37%）		
其他	未选	521（96.84%）	531（95.33%）	134（95.04%）	1186（95.95%）	1.950	0.377
	选中	17（3.16%）	26（4.67%）	7（4.96%）	50（4.05%）		

注：*为 P＜0.05，**为 P＜0.01。

（三）学生特点依据的教学阶段差异

分析小学、初中、高中阶段校园足球课余训练内容的选择依据发现，不同教学阶段样本对于技术风格、身体素质、心理特点、智能状况、损伤状况、其他依据的选择差异不具有显著性（P>0.05），而对于战术素养的选择差异呈现显著性（χ^2=8.357，P=0.015＜0.05）。具体表现为：高中阶段选中该依据的比例为84.75%，明显高于平均水平80.02%，这表明高中阶段在制定校园足球课余训练内容时更加注重学生的战术素养（表2－12）。

表2－12　学生特点依据的教学阶段差异

（单位：所）

依据	选择	教学阶段			总计	χ^2	P
		小学	初中	高中			
战术素养	未选	150（22.06%）	70（18.47%）	27（15.25%）	247（19.98%）	8.357	0.015*
	选中	530（77.94%）	309（81.53%）	150（84.75%）	989（80.02%）		
技术风格	未选	149（21.91%）	101（26.65%）	48（27.12%）	298（24.11%）	4.007	0.135
	选中	531（78.09%）	278（73.35%）	129（72.88%）	938（75.89%）		
身体素质	未选	76（11.18%）	36（9.50%）	10（5.65%）	122（9.87%）	4.907	0.086
	选中	604（88.82%）	343（90.50%）	167（94.35%）	1114（90.13%）		

续表

依据	选择	教学阶段			总计	χ^2	P
		小学	初中	高中			
心理特点	未选	204（30.00%）	124（32.72%）	51（28.81%）	379（30.66%）	1.178	0.555
	选中	476（70.00%）	255（67.28%）	126（71.19%）	857（69.34%）		
智能状况	未选	380（55.88%）	228（60.16%）	89（50.28%）	697（56.39%）	4.945	0.084
	选中	300（44.12%）	151（39.84%）	88（49.72%）	539（43.61%）		
损伤状况	未选	410（60.29%）	235（62.01%）	92（51.98%）	737（59.63%）	5.319	0.070
	选中	270（39.71%）	144（37.99%）	85（48.02%）	499（40.37%）		
其他	未选	653（96.03%）	363（95.78%）	170（96.05%）	1186（95.95%）	0.044	0.978
	选中	27（3.97%）	16（4.22%）	7（3.95%）	50（4.05%）		

注：*为 $P<0.05$。

四、我国校园足球课余训练内容选择的训练学特点依据状况

通过表 2－13 可知，在训练学因素范畴内，校园足球教练员、教师选择课余训练内容的依据主要是训练任务（75.97%）、训练阶段（69.74%）、训练时期（65.86%）、青少年身体发展规划（65.61%）、训练负荷（63.35%）、运动员长期发展规划（53.40%）和其他依据（3.88%）。总体来讲，从训练学因素分析，校园足球教练员选择课余训练内容的依据是较为科学的，但是运动员长期发展规划的选择率相对较低，不利于不同年级之间、不同水平之间校园足球课余训练的阶段性、连续性和衔接度[48]。

表 2－13　校园足球课余训练内容选择依据（训练学因素）（*n*=1236）

依据	频数/所	百分比/%
运动员长期发展规划	660	53.40
青少年身体发展规划	811	65.61
训练时期	814	65.86
训练阶段	862	69.74
训练任务	939	75.97
训练负荷	783	63.35
其他	48	3.88

（一）训练学特点依据的经济水平差异

本研究分析了不同经济水平省份（市、区）样本对训练学依据的选择差异，结果发现：不同经济水平省份（市、区）样本对于训练阶段、训练任务、训练负荷、其他依据的选择差异不具有显著性（$P>0.05$），而对于运动员长期发展规划、青少年身体发展规划、训练时期的选择差异呈现显著性（$P<0.05$）。具体表现为：不同经济水平省份（市、区）样本对于运动员长期发展规划的选择差异呈现显著性（$\chi^2=13.381$，$P=0.001<0.01$），人均 GDP 三区样本未选该依据的比例为 55.17%，明显高于平均水平 46.60%；对于青少年身体发展规划的选择差异呈现显著性（$\chi^2=23.298$，$P=0.000<0.01$），人均 GDP 三区样本未选该依据的比例为 45.26%，明显高于平均水平 34.39%，但人均 GDP 一区样本选该项的比例为 70.77%，明显高于平均水平 65.61%；对于训练时期的选择差异呈现显著性（$\chi^2=14.453$，$P=0.001<0.01$），人均 GDP 三区样本未选该依据的比例为 43.53%，明显高于平均水平 34.14%。该系列数据表明，人均 GDP 三区样本在选择校园足球课余训练内容时，对运动员长期发展规划、青少年身体发展规划、训练时期的重视程度不够；但人均 GDP 一区样本对青少年长期发展规划的重视程度很高（表 2－14）。

表 2－14 训练学依据的经济水平差异

（单位：所）

依据	选择	人均 GDP			总计	χ^2	P
		一区	二区	三区			
运动员长期发展规划	未选	311（42.49%）	137（50.37%）	128（55.17%）	576（46.60%）	13.381	0.001**
	选中	421（57.51%）	135（49.63%）	104（44.83%）	660（53.40%）		
青少年身体发展规划	未选	214（29.23%）	106（38.97%）	105（45.26%）	425（34.39%）	23.298	0.000**
	选中	518（70.77%）	166（61.03%）	127（54.74%）	811（65.61%）		
训练时期	未选	222（30.33%）	99（36.40%）	101（43.53%）	422（34.14%）	14.453	0.001**
	选中	510（69.67%）	173（63.60%）	131（56.47%）	814（65.86%）		
训练阶段	未选	211（28.83%）	82（30.15%）	81（34.91%）	374（30.26%）	3.097	0.213
	选中	521（71.17%）	190（69.85%）	151（65.09%）	862（69.74%）		
训练任务	未选	173（23.63%）	73（26.84%）	51（21.98%）	297（24.03%）	1.771	0.413
	选中	559（76.37%）	199（73.16%）	181（78.02%）	939（75.97%）		
训练负荷	未选	257（35.11%）	103（37.87%）	93（40.09%）	453（36.65%）	2.102	0.350
	选中	475（64.89%）	169（62.13%）	139（59.91%）	783（63.35%）		
其他	未选	697（95.22%）	263（96.69%）	228（98.28%）	1188（96.12%）	4.720	0.094
	选中	35（4.78%）	9（3.31%）	4（1.72%）	48（3.88%）		

注：**为 $P<0.01$。

（二）训练学特点依据的区域地方差异

分析东部、中部、西部区域样本校园足球课余训练内容选择依据的差异，结果发现：不同区域地方样本对于训练阶段、训练任务、训练负荷、其他依据的选择差异不具有显著性（$P>0.05$），但对于运动员长期发展规划、青少年身体发展规划、训练时期的选择差异呈现显著性（$P<0.05$）。具体表现为：不同区域地方样本对于运动员长期发展规划的选择差异呈现显著性（$\chi^2=12.376$，$P=0.002<0.01$），西部区域样本未选择该依据的比例为 60.28%，明显高于平均水平 46.60%；对于青少年身体发展规划的选择差异呈现显著性（$\chi^2=18.009$，$P=0.000<0.01$），西部区域样本未选择该依据的比例为 50.35%，明显高于平均水平 34.39%；对于训练时期的选择差异呈现显著性（$\chi^2=9.533$，$P=0.009<0.01$），西部区域样本未选择该依据的比例为 43.97%，明显高于平均水平 34.14%。由此可知，西部区域样本在制定校园足球课余训练内容时对运动员长期发展规划、青少年身体发展规划、训练时期的重视程度不够（表 2－15）。

表 2－15 训练学依据的区域地方差异

（单位：所）

依据	选择	区域地方			总计	χ^2	P
		东部	中部	西部			
运动员长期发展规划	未选	236（43.87%）	255（45.78%）	85（60.28%）	576（46.60%）	12.376	0.002**
	选中	302（56.13%）	302（54.22%）	56（39.72%）	660（53.40%）		
青少年身体发展规划	未选	175（32.53%）	179（32.14%）	71（50.35%）	425（34.39%）	18.009	0.000**
	选中	363（67.47%）	378（67.86%）	70（49.65%）	811（65.61%）		
训练时期	未选	164（30.48%）	196（35.19%）	62（43.97%）	422（34.14%）	9.533	0.009**
	选中	374（69.52%）	361（64.81%）	79（56.03%）	814（65.86%）		
训练阶段	未选	166（30.86%）	162（29.08%）	46（32.62%）	374（30.26%）	0.828	0.661
	选中	372（69.14%）	395（70.92%）	95（67.38%）	862（69.74%）		
训练任务	未选	136（25.28%）	126（22.62%）	35（24.82%）	297（24.03%）	1.114	0.573
	选中	402（74.72%）	431（77.38%）	106（75.18%）	939（75.97%）		

续表

依据	选择	区域地方			总计	χ^2	P
		东部	中部	西部			
训练负荷	未选	197（36.62%）	195（35.01%）	61（43.26%）	453（36.65%）	3.302	0.192
	选中	341（63.38%）	362（64.99%）	80（56.74%）	783（63.35%）		
其他	未选	524（97.40%）	530（95.15%）	134（95.04%）	1188（96.12%）	4.194	0.123
	选中	14（2.60%）	27（4.85%）	7（4.96%）	48（3.88%）		

注：**为 $P<0.01$。

（三）训练学特点依据的教学阶段差异

本研究分析了小学、初中、高中阶段选择校园足球课余训练内容的依据状况，结果发现：不同教学阶段样本对于青少年身体发展规划、训练阶段、训练任务、其他依据的选择差异不具有显著性（$P>0.05$），但对于运动员长期发展规划、训练时期、训练负荷的选择差异具有显著性（$P<0.05$）。具体表现为：不同教学阶段对于运动员长期发展规划的选择差异呈现显著性（$\chi^2=6.355$，$P=0.042<0.05$），高中阶段选择该依据的比例为 62.15%，明显高于平均水平 53.40%，侧面表明高中阶段更加注重运动员的长期发展和规划；对于训练时期的选择差异呈现显著性（$\chi^2=7.767$，$P=0.021<0.05$），高中阶段未选该依据的比例为 41.24%，明显高于平均水平 34.14%，侧面表明高中阶段课余训练的周期安排存在一定问题；对于训练负荷的选择差异呈现显著性（$\chi^2=10.897$，$P=0.004<0.01$），初中阶段选择该依据的比例为 68.60%，明显高于平均水平 63.35%，侧面表明初中阶段对课余训练的负荷安排可能更加趋于合理（表 2–16）。

表 2-16　训练学依据的教学阶段差异

（单位：所）

依据	选择	教学阶段			总计	χ^2	P
		小学	初中	高中			
运动员长期发展规划	未选	327（48.09%）	182（48.02%）	67（37.85%）	576（46.60%）	6.355	0.042*
	选中	353（51.91%）	197（51.98%）	110（62.15%）	660（53.40%）		
青少年身体发展规划	未选	247（36.32%）	118（31.13%）	60（33.90%）	425（34.39%）	2.926	0.232
	选中	433（63.68%）	261（68.87%）	117（66.10%）	811（65.61%）		
训练时期	未选	211（31.03%）	138（36.41%）	73（41.24%）	422（34.14%）	7.767	0.021*
	选中	469（68.97%）	241（63.59%）	104（58.76%）	814（65.86%）		
训练阶段	未选	194（28.53%）	119（31.40%）	61（34.46%）	374（30.26%）	2.680	0.262
	选中	486（71.47%）	260（68.60%）	116（65.54%）	862（69.74%）		
训练任务	未选	160（23.53%）	89（23.48%）	48（27.12%）	297（24.03%）	1.080	0.583
	选中	520（76.47%）	290（76.52%）	129（72.88%）	939（75.97%）		
训练负荷	未选	277（40.74%）	119（31.40%）	57（32.20%）	453（36.65%）	10.897	0.004**
	选中	403（59.26%）	260（68.60%）	120（67.80%）	783（63.35%）		
其他	未选	652（95.88%）	363（95.78%）	173（97.74%）	1188（96.12%）	1.466	0.48
	选中	28（4.12%）	16（4.22%）	4（2.26%）	48（3.88%）		

注：*为 $P<0.05$，**为 $P<0.01$。

通过本节研究可知，在“一校一品”“百花齐放”的指导思想下，各级各类学校自定足球课余训练校本课程的情况较为普遍，也有五成左右的学校按照《指南》开展课余训练，同时动作模式、比赛规则、学生或运动员的竞技能力、训练时期、训练阶段、训练任务、训练负荷是教师和教练员选择课余训练内容的重要依据。但《学生足球运动技能等级评定标准（试行）》的执行率偏低，能量供应、损伤状况的选择比例过低，智能状况和损伤状况的选择比例较低，运动员长期发展规划的选择比例相对较低，影响了校园足球课余训练内容的科学性，凸显了当前校园足球课余训练内容依据标准多样化但不统一的客观现实，不利于我国青少年校园足球课余训练开展的科学性、严谨性、长期性。

人均 GDP 二区、西部区域、高中阶段的样本执行《指南》的力度不足，而初中阶段样本执行较好；中部区域和小学阶段对《足球运动技能等级评定标准（试行）》的执行力度不足，而西部区域和初中阶段执行较好；人均 GDP 三区、中部区域、小学阶段的样本对省市教育部门制定的标准的执行力度不够，而西部区域、初中和高中阶段的样本执行较好；人均 GDP 二区和高中阶段的样本自主制定的校本课程标准相对缺乏，西部区域和小学阶段的样本自主制定的校本课程较多。

人均 GDP 三区样本对基本动作、技术的重视程度很高，但是对能量供应、损伤状况、比赛规则、战术素养、心理特点、智能状况、损伤状况、运动员长期发展规划、青少年身体发展规划、训练时期等重视程度不足；西部区域样本关注损伤状况、战术素养和心理特点的程度不够；人均 GDP 一区、高中阶段样本对青少年长期发展规划的重视程度很高；初中阶段对课余训练的负荷安排可能更加趋于合理；高中阶段课余训练重视战术素养，但周期安排存在一定问题。

第二节 我国校园足球课余训练内容的实施状况

一、我国校园足球课余训练内容的总体状况

本研究根据所抽选的样本对我国校园足球课余训练内容的总体状况进行了分析，结果发现：77.99%的样本进行球感训练，79.61%的样本进行技术训练，66.34%的样本进行战术训练，75.40%的样本进行身体素质训练，67.96%的样本开展各种比赛，62.46%的样本训练中有游戏性质的内容，7.12%的样本会增加其他训练内容（表 2－17）。

表 2－17 我国校园足球课余训练内容的总体状况

项目	频数/所	百分比/%
球感训练	964	77.99
技术训练	984	79.61
战术训练	820	66.34
身体素质训练	932	75.40
比赛	840	67.96
游戏	772	62.46
其他	88	7.12

（一）我国校园足球课余训练内容的经济水平差异

本研究分析了不同经济水平省份（市、区）样本校园足球课余训练内容的差异，结果发现不同经济水平省份（市、区）对于其他训练内容的差异不具有显著性（$P>0.05$），但对于球感训练、技术训练、战术训

练、身体素质训练、比赛、游戏 6 项训练内容的差异呈现显著性（$P<0.05$）。具体表现为：不同经济水平省份（市、区）对于球感训练内容的差异呈现显著性（$\chi^2=53.244$，$P=0.000<0.01$），人均 GDP 二区样本未选择该项的比例为 33.33%，明显高于平均水平 22.01%，但人均 GDP 一区和三区样本选择该项的比例为 88.24%和 83.54%，明显高于平均水平 77.99%；对于技术训练内容的差异呈现出显著性（$\chi^2=30.813$，$P=0.000<0.01$），人均 GDP 二区样本未选择该项的比例为 28.83%，明显高于平均水平 20.39%，但人均 GDP 一区样本选择该项的比例为 84.76%，明显高于平均水平 79.61%；对于战术训练内容的差异呈现显著性（$\chi^2=14.715$，$P=0.001<0.01$），人均 GDP 二区样本未选择该项的比例为 40.54%，明显高于平均水平 33.66%；对于身体素质训练内容的差异呈现显著性（$\chi^2=14.733$，$P=0.001<0.01$），人均 GDP 二区样本未选择该项的比例为 30.63%，明显高于平均水平 24.60%，人均 GDP 三区样本选择该项的比例为 82.35%，明显高于平均水平 75.40%；对于比赛内容的差异呈现显著性（$\chi^2=40.957$，$P=0.000<0.01$），人均 GDP 二区样本未选择该项的比例为 43.24%，明显高于平均水平 32.04%，人均 GDP 一区样本选择该项的比例为 75.00%，明显高于平均水平 67.96%；对于游戏内容的差异呈现显著性（$\chi^2=49.308$，$P=0.000<0.01$），人均 GDP 二区样本未选择该项的比例为 50.45%，明显高于平均水平 37.54%，人均 GDP 一区和三区样本选择该项的比例为 69.51%、70.59%，明显高于平均水平 62.46%。该系列数据表明，部分人均 GDP 二区样本的校园足球课余训练内容有待进一步优化和完善，需要适当增加技术训练、战术训练、比赛、身体素质训练等内容；人均 GDP 三区样本需要适当增加比赛内容的比例；人均 GDP 一区样本的课余训练内容基本合理（表 2-18）。

表 2–18 训练内容总体状况的经济水平差异

（单位：所）

项目	选择	人均 GDP			总计	χ^2	P
		一区	二区	三区			
球感训练	未选	108（16.46%）	148（33.33%）	16（11.76%）	272（22.01%）	53.244	0.000**
	选中	548（83.54%）	296（66.67%）	120（88.24%）	964（77.99%）		
技术训练	未选	100（15.24%）	128（28.83%）	24（17.65%）	252（20.39%）	30.813	0.000**
	选中	556（84.76%）	316（71.17%）	112（82.35%）	984（79.61%）		
战术训练	未选	196（29.88%）	180（40.54%）	40（29.41%）	416（33.66%）	14.715	0.001**
	选中	460（70.12%）	264（59.46%）	96（70.59%）	820（66.34%）		
身体素质训练	未选	144（21.95%）	136（30.63%）	24（17.65%）	304（24.60%）	14.733	0.001**
	选中	512（78.05%）	308（69.37%）	112（82.35%）	932（75.40%）		
比赛	未选	164（25.00%）	192（43.24%）	40（29.41%）	396（32.04%）	40.957	0.000**
	选中	492（75.00%）	252（56.76%）	96（70.59%）	840（67.96%）		
游戏	未选	200（30.49%）	224（50.45%）	40（29.41%）	464（37.54%）	49.308	0.000**
	选中	456（69.51%）	220（49.55%）	96（70.59%）	772（62.46%）		
其他	未选	608（92.68%）	408（91.89%）	132（97.06%）	1148（92.88%）	4.285	0.117
	选中	48（7.32%）	36（8.11%）	4（2.94%）	88（7.12%）		

注：**为 $P<0.01$。

（二）我国校园足球课余训练内容的区域地方差异

本研究分析了抽选样本校园足球课余训练内容的东部、中部、西部的区域地方差异，结果发现：不同区域地方样本对于战术训练、身体素质训练、比赛、游戏、其他内容 5 项的差异不具有显著性（$P>0.05$），而对于球感训练、技术训练 2 项内容的差异呈现显著性（$P<0.05$）。具体表现为：不同区域地方样本对于球感训练内容的差异呈现显著性

（χ^2=25.693，P=0.000＜0.01），西部区域样本未选择该项的比例为38.24%，明显高于平均水平22.01%；对于技术训练内容的差异呈现显著性（χ^2=22.080，P=0.000＜0.01），西部区域样本未选择该项的比例为35.29%，明显高于平均水平20.39%。由此可见，西部区域样本需要继续完善校园足球的课余训练内容体系，尤其是球感训练和技术训练内容的比例需要增加（表2–19）。

表2–19　训练内容总体状况的区域地方差异

（单位：所）

项目	选择	区域地方			总计	χ^2	P
		东部	中部	西部			
球感训练	未选	80（22.73%）	140（18.72%）	52（38.24%）	272（22.01%）	25.693	0.000**
	选中	272（77.27%）	608（81.28%）	84（61.76%）	964（77.99%）		
技术训练	未选	72（20.45%）	132（17.65%）	48（35.29%）	252（20.39%）	22.080	0.000**
	选中	280（79.55%）	616（82.35%）	88（64.71%）	984（79.61%）		
战术训练	未选	128（36.36%）	236（31.55%）	52（38.24%）	416（33.66%）	3.918	0.141
	选中	224（63.64%）	512（68.45%）	84（61.76%）	820（66.34%）		
身体素质训练	未选	80（22.73%）	192（25.67%）	32（23.53%）	304（24.60%）	1.210	0.546
	选中	272（77.27%）	556（74.33%）	104（76.47%）	932（75.40%）		
比赛	未选	120（34.09%）	224（29.95%）	52（38.24%）	396（32.04%）	4.583	0.101
	选中	232（65.91%）	524（70.05%）	84（61.76%）	840（67.96%）		
游戏	未选	136（38.64%）	272（36.36%）	56（41.18%）	464（37.54%）	1.389	0.499
	选中	216（61.36%）	476（63.64%）	80（58.82%）	772（62.46%）		
其他	未选	324（92.05%）	696（93.05%）	128（94.12%）	1148（92.88%）	0.718	0.698
	选中	28（7.95%）	52（6.95%）	8（5.88%）	88（7.12%）		

注：**为P＜0.01。

（三）我国校园足球课余训练内容的教学阶段差异

本研究分析了不同教学阶段的校园足球课余训练内容状况，结果发现：不同教学阶段样本对于其他内容的差异不具有显著性（$P>0.05$），而对于球感训练、技术训练、战术训练、身体素质训练、比赛、游戏6 项的差异呈现显著性（$P<0.05$）。具体表现为：不同教学阶段对于球感训练的差异呈现显著性（$\chi^2=9.964$，$P=0.007<0.01$），高中阶段未选该项的比例为 27.27%，明显高于平均水平 21.81%；对于技术训练的差异呈现显著性（$\chi^2=38.038$，$P=0.000<0.01$），高中阶段未选该项的比例为 28.41%，明显高于平均水平 20.26%，而小学阶段选择该项的比例为 86.99%，明显高于平均水平 79.74%；对于战术训练的差异呈现显著性（$\chi^2=6.211$，$P=0.045<0.05$），小学阶段未选该项的比例为 37.33%，明显高于平均水平 35.31%，而高中阶段选择该项的比例为 69.86%，明显高于平均水平 64.69%；对于身体素质训练的差异呈现显著性（$\chi^2=32.313$，$P=0.000<0.01$），小学阶段未选该项的比例为 34.09%，明显高于平均水平 28.03%，而高中阶段选择该项的比例为 82.19%，明显高于平均水平 71.97%；对于比赛的差异呈现显著性（$\chi^2=34.917$，$P=0.000<0.01$），小学阶段未选择该项的比例为 43.18%，明显高于平均水平 35.87%，而高中阶段选择该项的比例为 75.34%，明显高于平均水平 64.13%；对于游戏的差异呈现显著性（$\chi^2=24.313$，$P=0.000<0.01$），高中阶段未选该项的比例为46.59%，明显高于平均水平 37.26%，而小学阶段选择该项的比例为69.18%，明显高于平均水平 62.74%。通过上述分析可知，所抽取的小学、初中、高中阶段样本的校园足球课余训练内容安排从比例上来讲基本合理（表 2–20）。

表 2－20　训练内容总体状况的教学阶段差异

（单位：所）

项目	选择	教学阶段			总计	χ^2	P
		小学	初中	高中			
球感训练	未选	108（18.49%）	80（22.67%）	82（27.27%）	270（21.81%）	9.964	0.007**
	选中	476（81.51%）	272（77.33%）	218（72.73	966（78.19%）		
技术训练	未选	76（13.01%）	89（25.33%）	85（28.41%）	250（20.26%）	38.038	0.000**
	选中	508（86.99%）	263（74.67%）	215（71.59%）	986（79.74%）		
战术训练	未选	218（37.33%）	128（36.36%）	90（30.14%）	436（35.31%）	6.211	0.045*
	选中	366（62.72%）	224（63.64%）	210（69.86%）	800（64.69%）		
身体素质训练	未选	199（34.09%）	94（26.67%）	53（17.81%）	346（28.03%）	32.313	0.000**
	选中	385（65.91%）	258（73.33%）	247（82.19%）	890（71.97%）		
比赛	未选	252（43.18%）	117（33.33%）	74（24.62%）	443（35.87%）	34.917	0.000**
	选中	332（56.82%）	235（66.67%）	226（75.34%）	793（64.13%）		
游戏	未选	180（30.82%）	141（40.00%）	140（46.59%）	461（37.26%）	24.313	0.000**
	选中	404（69.18%）	211（60.00%）	160（53.41%）	775（62.74%）		
其他	未选	536（91.78%）	324（92.05%）	288（96.00%）	1148（92.88%）	5.854	0.054
	选中	48（8.22%）	28（7.95%）	12（4.00%）	88（7.12%）		

注：*为 $P<0.05$，**为 $P<0.01$。

二、我国校园足球课余训练内容的具体状况

本研究主要从技术训练、战术训练、体能训练三个方面对我国校园足球课余训练内容的具体实施状况进行了调查研究。

（一）我国校园足球课余训练的技术训练状况

根据帕累托最优（Pareto Optimality）法则，课题组截取占技术训练 80% 的练习手段发现，足球专业技术训练几乎是小学、初中、高中阶段课余训练中技术训练的全部内容。其中，小学阶段的技术训练主要包括脚背正面运球（76.63%）、运球过人（73.95%）、脚背外侧运球（67.05%）、脚内侧踢球（66.67%）、脚内侧运球（66.28%）、脚内侧接球（64.75%）、运球—传球—接球组合（59.00%）、传—接—运球—射门组合（54.79%）、脚底接球（53.26%）、脚背正面射门（51.34%）、正面—侧面抢截球（44.06%）、大腿接球（44.06%）、脚底接反弹球（42.91%）、脚内侧接反弹球（42.91%）等（图 2–1）。初中阶段的技术训练主要包括运动中踢、接地滚球（68.02%），运球及运球过人（62.16%），运动中踢、接空中球（61.71%），结合射门的组合技术（61.71%），运动中踢、接反弹球（57.66%）、对抗中运球过人技术综合运用（51.80%）等（图 2–2）。高中阶段的技术训练主要包括对抗中的踢球（77.36%）、对抗中的接球（68.40%）、对抗中的运控球（64.15%）、对抗中的射门（63.21%）等[43]（图 2–3）。

根据运动员长期发展规划[49]、青少年身体发展规划[50]、人类动作技能发展规律[51]等基本理论和实践经验，人类的动作技能发展是有层次、有步骤的。一般来讲，人类动作技能发展经过基本动作模式、基本动作技能、基本运动技能、专项运动技能等几个阶段，而目前我国青少年校园足球技术训练的主体内容是足球专业技术训练，属于专项运动技能阶段的训练内容，缺乏基本动作模式、基本动作技能、基本运动技能的训练。因此，我国青少年校园足球技术训练的内容亟待丰富[43]。

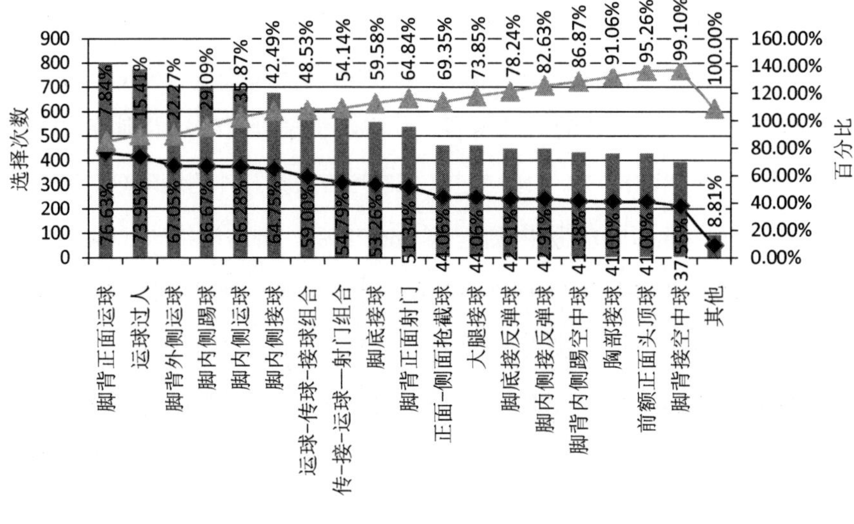

图 2-1　小学阶段技术训练的帕累托分析

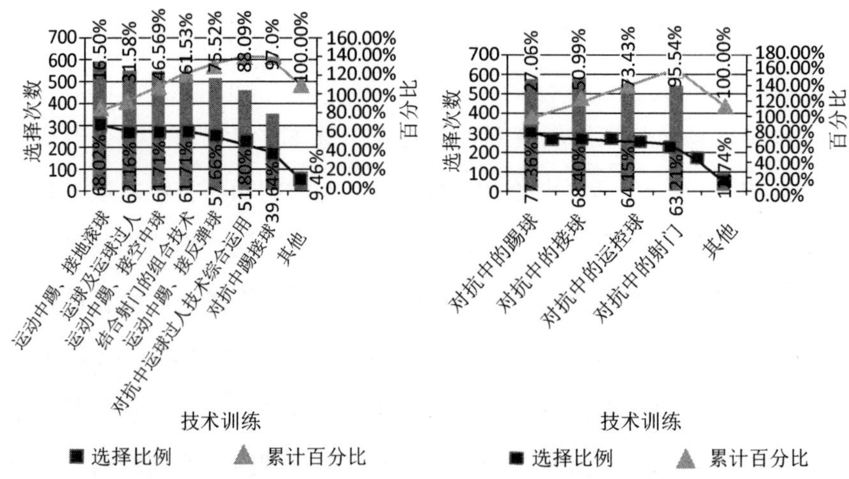

图 2-2　初中阶段技术训练的帕累托分析　图 2-3　高中阶段技术训练的帕累托分析

（二）我国校园足球课余训练的战术训练状况

战术训练是校园足球课余训练的重要内容，本研究根据帕累托最优法则，截取占战术训练 80%的训练手段发现，2 对 1 攻防（68.49%）、1 对 1 攻防（61.64%）、2 对 2 攻防（54.11%）、3 对 1 攻防（50.68%）、3 对 3 攻防（49.32%）、任意球攻防（49.32%）、局部攻防（47.26%）是目前小学阶段校园足球战术训练的主要内容，超过了《指南》要求的“2 对 1 攻防、3 对 1 攻防、3 对 2 攻防、3 对 3 攻防”，小学阶段的战术训练有“拔苗助长”现象（图 2–4）。初中阶段战术训练主要是 2 对 1 攻防（54.55%）、1 对 1 攻防（54.55%）、3 对 1 攻防（46.59%）、2 对 2 攻防（46.59%）、3 对 2 攻防（44.32%）、3 对 3 攻防（42.05%）、任意球攻防（38.64%），超过了《指南》要求的“1 对 1 攻防、2 对 2 攻防、3 对 3 攻防”，初中阶段的战术训练也有“拔苗助长”现象（图 2–5）。高中阶段战术训练主要是 2 对 1 攻防（60.00%）、3 对 3 攻防（58.67%）、任意球攻防（56.00%）、1 对 1 攻防（54.67%）、3 对 1 攻防（48.00%）、2 对 2 攻防（48.00%）、局部攻防（46.67%），基本符合《指南》中“局部攻防”的要求，但是角球攻防（44.00%）训练太少，不能满足《指南》中定位球攻防的要求[43]（图 2–6）。因此，目前校园足球战术训练存在小学阶段和初中阶段“过多”和高中阶段“不足”的两极分化问题。

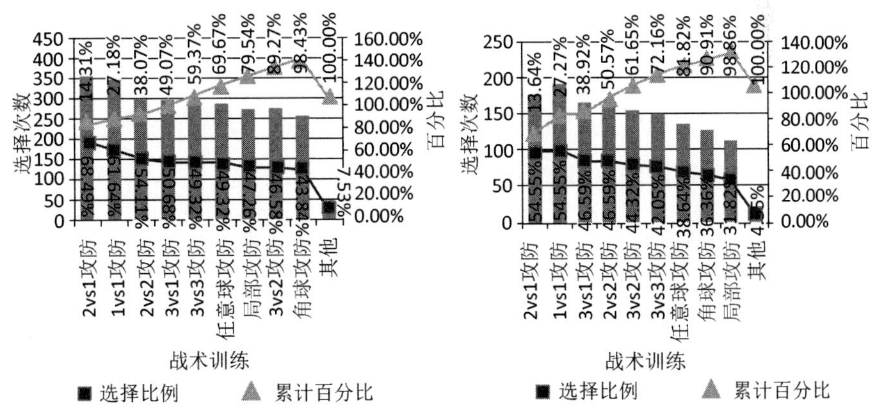

图 2–4　小学阶段战术训练的帕累托分析　图 2–5　初中阶段战术训练的帕累托分析

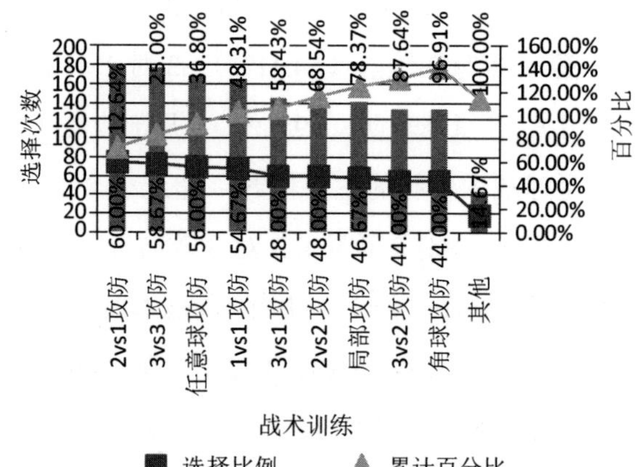

图 2－6　高中阶段战术训练的帕累托分析

（三）我国校园足球课余训练的体能训练状况

体能是竞技能力的重要组成部分，体能训练是校园足球课余训练的主要内容，也是校园足球竞赛和校园足球长期发展的基础保障。现代体能训练经过长期的发展和完善，从广义上包括身体素质、身体形态、身体机能、动作模式、健康、心智提升[52]的训练。但研究发现，目前的小学、初中、高中校园足球体能训练的内容主要是柔韧性、灵敏性、协调性、反应能力、平衡能力、速度素质、耐力素质、力量素质等训练，属于身体素质训练范畴，但仅是体能训练的一小部分，缺乏预防损伤训练、恢复与再生训练、灵活性训练、稳定性训练、动作模式训练、动作矫正训练，以及大脑对信息的优化、存储等训练。因此，从内容全面性分析，目前我国青少年校园足球的体能训练内容是缺失的。

ABCS（灵敏、平衡、协调、速度）是小学阶段需要重点发展的身体素质[49-50,53-54]，尤其需要结合游戏等对一般灵敏协调、多方向速度、功能稳定、平衡能力、柔韧素质等进行综合训练。研究发现，根据帕累托最优法则，小学阶段校园足球的身体素质训练主要是灵敏素质（83.56%）、协调素质（80.82%）、柔韧素质（78.08%）、反应能力（78.08%）、速度素质（75.34%）、耐力素质（70.55%）等。灵敏素质、协调素质、柔韧素质、反应能力、速度素质训练作为小学阶段的身体素质训练内容是恰当的，但是耐力素质的训练一般不作为小学阶段训练的重点，有氧耐力素质的训练一般在青春期前后（女：11～13 岁，男：12～14 岁），无氧耐力的训练更晚（女：16～21 岁，男：17～22 岁）。此外，研究发现应当作为重点发展的平衡能力（59.59%）训练却没有得到高度重视（图 2－7）。初中阶段是有氧耐力和力量素质的发展敏感期[49-50]，尤其是速度力量的发展较为重要，同时要继续发展其他身体素质。研究发现，根据帕累托最优法则，目前初中阶段校园足球的课余训练重点发展灵敏素质（73.86%）、协调素质（70.45%）、速度素质（64.77%）、柔韧素质（60.23%）、反应能力（67.05%）和平衡能力（54.55%），但对耐力素质（54.55%）和力量素质（44.32%）的发展缺乏（图 2－8）。高中阶段是爆发力、力量素质、无氧耐力的发展敏感期[50]，同时要继续发展其他身体素质。但调查发现，目前高中校园足球的课余训练将重点放在了灵敏素质（77.33%）、协调素质（77.33%）、反应能力（74.67%）、速度素质（73.33%）、柔韧素质（70.67%）、耐力素质（68.00%）上，忽视了力量素质（62.67%）的发展（图 2－9）。因此，目前我国青少年校园足球的身体素质训练存在重点混淆的问题。

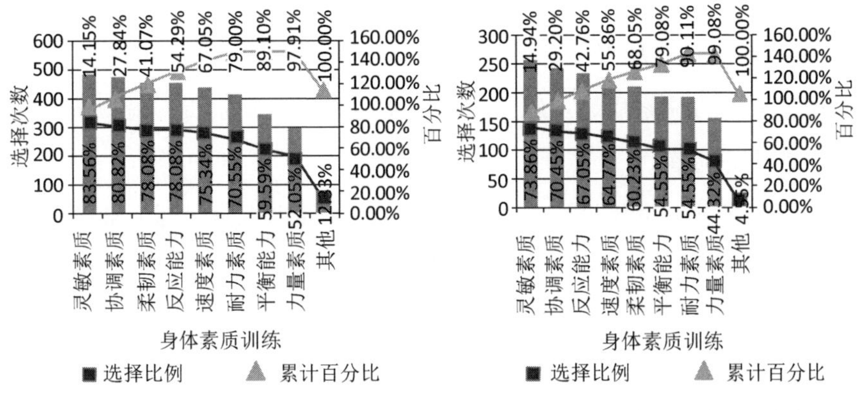

图 2－7　小学阶段体能训练内容　　**图 2－8　初中阶段体能训练内容**

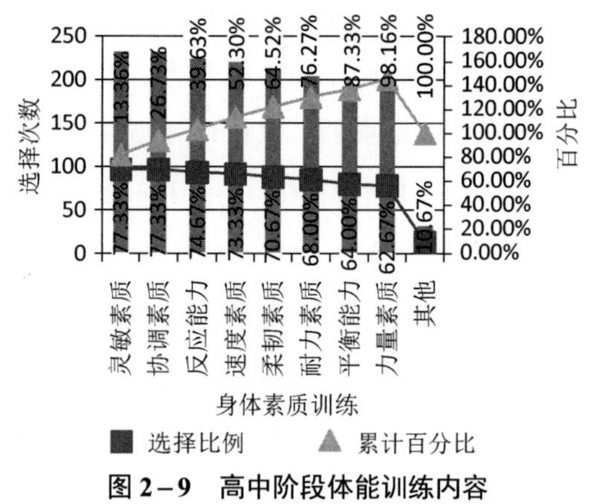

图 2－9　高中阶段体能训练内容

通过本节研究可知，球感训练、技术训练、战术训练、身体素质训练、比赛、游戏是目前我国校园足球课余训练的主要内容。其中技术训练主要包括脚背正面运球，运球过人，脚背外侧运球，脚内侧踢球，脚内侧运球，脚内侧接球，运球—传球—接球组合，传—接—运球—射门组合，脚底接球，脚背正面射门，正面—侧面抢截球，大腿接球，脚底接反弹球，脚内侧接反弹球，运动中踢、接地滚球，运动中踢、接空中球和反弹球，结合射门的组合技术，对抗中运球过人技术综合运用，以及对抗中的接球、运控球、射门等；战术训练主要包括 1 对 1 攻防、2 对 1 攻防、2 对 2 攻防、3 对 1 攻防、3 对 2 攻防、3 对 3 攻防、任意球攻防、局部攻防等；体能训练主要包括柔韧素质、灵敏素质、协调素质、反应能力、平衡能力、速度素质、耐力素质、力量素质等训练。

目前我国青少年校园足球技术训练的主体内容是足球专业技术训练，属于专项运动技能阶段的训练内容，缺乏基本动作模式、基本动作技能、基本运动技能的训练，技术训练的内容亟待丰富；战术训练存在小学和初中阶段“过多”“拔苗助长”的问题，而高中阶段战术训练“不足”，出现“吃不饱”的问题；体能训练内容不丰富、不全面，且存在训练重点混淆的问题，如小学阶段平衡能力训练缺乏、初中阶段耐力和力量素质训练缺乏、高中阶段力量素质训练缺乏等。中等经济水平省份(市、区）样本的校园足球课余训练内容在球感训练、技术训练、战术训练、身体素质训练、比赛、游戏等方面需要继续优化和丰富；低经济发展水平区域需要适当增加比赛内容的比例；高经济发展水平区域的课余训练内容基本合理；西部区域样本需要提高球感和技术训练内容的比例；小学、初中、高中阶段样本的校园足球课余训练内容安排从比例上来讲基本合理。

第三节　我国校园足球课余训练内容的保障状况

一、我国校园足球课余训练内容的保障因素

课题组对 1236 所学校的深入调查发现，63.43%的教练员认为基本保障不到位是影响校园足球课余训练开展的重要因素，如师资力量、场地器材、制度保障、教练员待遇等硬件保障以及相关政策、文件等制度保障。深入调查发现，69.90%的学校没有设置开展校园足球课余训练的专门部门或机构，也体现了校园足球课余训练保障不足的现实情况。除此之外，与小学每周开展 4 次以上训练的比例（41.40%）相比，初中（18.18%）和高中（18.67%）对课余训练的重视程度严重不足（表 2-21）。因此，“貌似重视，但基本保障不足”的问题，“文件上重视，讲话中忽视，行动上漠视”[55]的客观状况已经成为影响我国青少年校园足球课余训练开展的重要问题[43]。

表 2-21　我国校园足球课余训练内容的保障因素（*n*=1236）

我国校园足球课余训练开展的影响因素	频数/所	百分比/%
领导支持	772	62.46
场地器材	728	58.90
师资力量	716	57.93
经费支持	784	63.43
学生兴趣	696	56.31
家长支持	724	58.58
损伤风险	388	31.39
制度保障	532	43.04
教练员待遇	580	46.93
时间保障	400	32.36
其他	48	3.88

二、我国校园足球课余训练内容保障的经济水平差异

从表 2-22 可知，不同经济水平省份（市、区）样本对于师资力量、制度保障 2 项的差异不具有显著性（$P>0.05$），而对于领导支持、场地器材、经费支持、学生兴趣、家长支持、损伤风险、教练员待遇、时间保障等 8 项的差异呈现出显著性（$P<0.05$）。

表 2-22　我国校园足球课余训练内容保障的经济水平差异

（单位：所）

项目	选择	人均 GDP			总计	χ^2	P
		一区	二区	三区			
领导支持	高	220（33.54%）	204（45.95%）	40（29.41%）	464（37.54%）	21.696	0.000**
	不高	436（66.46%）	240（54.05%）	96（70.59%）	772（62.46%）		
场地器材	充足	240（36.59%）	212（47.75%）	56（41.18%）	508（41.10%）	13.629	0.001**
	不充足	416（63.41%）	232（52.25%）	80（58.82%）	728（58.90%）		

续表

项目	选择	人均GDP			总计	χ^2	P
		一区	二区	三区			
师资力量	充足	256（39.02%）	204（45.95%）	60（44.12%）	520（42.07%）	5.468	0.065
	不充足	400（60.98%）	240（54.05%）	76（55.88%）	716（57.93%）		
经费支持	充足	196（29.88%）	196（44.14%）	60（44.12%）	452（36.57%）	26.985	0.000**
	不充足	460（70.12%）	248（55.86%）	76（55.88%）	784（63.43%）		
学生兴趣	高	228（34.76%）	260（58.56%）	52（38.24%）	540（43.69%）	62.826	0.000**
	不高	428（65.24%）	184（41.44%）	84（61.76%）	696（56.31%）		
家长支持	高	216（32.93%）	240（54.05%）	56（41.18%）	512（41.42%）	48.713	0.000**
	不高	440（67.07%）	204（45.95%）	80（58.82%）	724（58.58%）		
损伤风险	高	436（66.46%）	304（68.47%）	108（79.41%）	848（68.61%）	8.775	0.012*
	不高	220（33.54%）	140（31.53%）	28（20.59%）	388（31.39%）		
制度保障	完善	360（54.88%）	268（60.36%）	76（55.88%）	704（56.96%）	3.318	0.190
	不完善	296（45.12%）	176（39.64%）	60（44.12%）	532（43.04%）		
教练员待遇	高	320（48.78%）	252（56.76%）	84（61.76%）	656（53.07%）	11.398	0.003**
	不高	336（51.22%）	192（43.24%）	52（38.24%）	580（46.93%）		
时间保障	充足	408（62.20%）	328（73.87%）	100（73.53%）	836（67.64%）	18.922	0.000**
	不充足	248（37.80%）	116（26.13%）	36（26.47%）	400（32.36%）		

注：*为 $P<0.05$，**为 $P<0.01$。

具体表现为：

不同经济水平省份（市、区）样本对于领导支持的差异呈现显著性（χ^2=21.696，P=0.000＜0.01），人均 GDP 二区样本选择“领导支持度高”的比例为 45.95%，明显高于平均水平 37.54%；人均 GDP 三区样本选择“领导支持度不高”的比例为 70.59%，明显高于平均水平 62.46%。对于场地器材的差异呈现显著性（χ^2=13.629，P=0.001＜0.01），人均 GDP 二区样本选择“场地器材充足”的比例为 47.75%，明显高于平均水平 41.10%。对于经费支持的差异呈现显著性（χ^2=26.985，P=0.000＜0.01），人均 GDP 二区和三区样本选择“经费充足”的比例为 44.14%、44.12%，明显高于平均水平 36.57%；而人均 GDP 一区样本选择“经费不充足”的比例为 70.12%，明显高于平均水平 63.43%。对于学生兴趣的差异呈现显著性（χ^2=62.826，P=0.000＜0.01），人均 GDP 二区样本选择“学生兴趣高”的比例为 58.56%，明显高于平均水平 43.69%；而人均 GDP 一区和三区样本选择“学生兴趣不高”的比例为 65.24%、61.76%，明显高于平均水平 56.31%。

对于家长支持的差异呈现显著性（χ^2=48.713，P=0.000＜0.01），人均 GDP 二区样本选择“家长支持度高”的比例为 54.05%，明显高于平均水平 41.42%；而人均 GDP 一区样本选择“家长支持度不高”的比例为 67.07%，明显高于平均水平 58.58%。对于损伤风险的差异呈现显著性（χ^2=8.775，P=0.012＜0.05），人均 GDP 三区样本选择“损伤风险高”的比例为 79.41%，明显高于平均水平 68.61%。对于教练员待遇的差异呈现显著性（χ^2=11.398，P=0.003＜0.01），人均 GDP 三区样本选择“待遇高”的比例为 61.76%，明显高于平均水平 53.07%。对于时间保障的差异呈现显著性（χ^2=18.922，P=0.000＜0.01），人均 GDP 二区和三区样本选择“时间充足”的比例为 73.87%、73.53%，明显高于平均水平 67.64%；而人均 GDP 一区样本选择时间不充足的比例为 37.80%，明显高于平均水平 32.36%。

由此可见，人均 GDP 一区样本校园足球课余训练场地经费相对不充足，时间紧张，学生兴趣不高；人均 GDP 二区样本是领导和家长较为支持，学生兴趣高，时间较为充足，经费和场地相对充足，制度保障较完善；人均 GDP 三区样本领导支持力度不足，损伤风险大，但教练员待遇相对较高。

三、我国校园足球课余训练内容保障的区域地方差异

分析东部、中部、西部区域样本的校园足球课余训练内容保障状况发现，不同区域地方样本对于场地器材、师资力量、制度保障、教练员待遇 4 项的差异不具有显著性（$P>0.05$），而对于领导支持、经费支持、学生兴趣、家长支持、损伤风险、时间保障等 6 项的差异呈现显著性（$P<0.05$）（表 2－23）。

表 2－23　我国校园足球课余训练内容保障的区域地方差异

（单位：所）

项目	选择	区域地方			总计	χ^2	P
		东部	中部	西部			
领导支持	高	276（36.90%）	120（34.09%）	68（50.00%）	464（37.54%）	10.922	0.004**
	不高	472（63.10%）	232（65.91%）	68（50.00%）	772（62.46%）		
场地器材	充足	304（40.64%）	136（38.64%）	68（50.00%）	508（41.10%）	5.397	0.067
	不充足	444（59.36%）	216（61.36%）	68（50.00%）	728（58.90%）		
师资力量	充足	308（41.18%）	160（45.45%）	52（38.24%）	520（42.07%）	2.720	0.257
	不充足	440（58.82%）	192（54.55%）	84（61.76%）	716（57.93%）		

续表

项目	选择	区域地方			总计	χ^2	P
		东部	中部	西部			
经费支持	充足	256（34.22%）	152（43.18%）	44（32.35%）	452（36.57%）	9.450	0.009**
	不充足	492（65.78%）	200（56.82%）	92（67.65%）	784（63.43%）		
学生兴趣	高	268（35.83%）	196（55.68%）	76（55.88%）	540（43.69%）	47.582	0.000**
	不高	480（64.17%）	156（44.32%）	60（44.12%）	696（56.31%）		
家长支持	高	268（35.83%）	176（50.00%）	68（50.00%）	512（41.42%）	24.442	0.000**
	不高	480（64.17%）	176（50.00%）	68（50.00%）	724（58.58%）		
损伤风险	高	472（63.10%）	280（79.55%）	96（70.59%）	848（68.61%）	30.330	0.000**
	不高	276（36.90%）	72（20.45%）	40（29.41%）	388（31.39%）		
制度保障	完善	408（54.55%）	216（61.36%）	80（58.82%）	704（56.96%）	4.756	0.093
	不完善	340（45.45%）	136（38.64%）	56（41.18%）	532（43.04%）		
教练员待遇	高	388（51.87%）	192（54.55%）	76（55.88%）	656（53.07%）	1.171	0.557
	不高	360（48.13%）	160（45.45%）	60（44.12%）	580（46.93%）		
时间保障	充足	468（62.57%）	264（75.00%）	104（76.47%）	836（67.64%）	22.351	0.000**
	不充足	280（37.43%）	88（25.00%）	32（23.53%）	400（32.36%）		

注：**为 $P<0.01$。

具体表现为：

不同区域地方样本对于领导支持的差异呈现显著性（χ^2=10.922，P=0.004＜0.01），西部区域样本选择“领导支持度高”的比例为 50.00%，明显高于平均水平 37.54%。对于经费支持的差异呈现显著性（χ^2=9.450，P=0.009＜0.01），中部区域样本选择“经费充足”的比例 43.18%，明显高于平均水平 36.57%。对于学生兴趣的差异呈现显著性（χ^2=47.582，P=0.000＜0.01），西部和中部区域样本选择“学生兴趣高”的比例为 55.88%、55.68%，明显高于平均水平 43.69%；而东部区域样本选择“学生兴趣不高”的比例为 64.17%，明显高于平均水平 56.31%。对于家长支持的差异呈现显著性（χ^2=24.442，P=0.000＜0.01），中部和西部区域样本选择“家长支持度高”的比例均为 50.00%，明显高于平均水平 41.42%；而东部区域样本选择“家长支持度不高”的比例为 64.17%，明显高于平均水平 58.58%。对于损伤风险的差异呈现显著性（χ^2=30.330，P=0.000＜0.01），中部区域样本选择“损伤风险高”的比例为 79.55%，明显高于平均水平 68.61%；而东部区域样本选择“损伤风险不高”的比例为 36.90%，明显高于平均水平 31.39%。对于时间保障的差异呈现显著性（χ^2=22.351，P=0.000＜0.01），西部和中部区域样本选择“时间充足”的比例为 76.47%、75.00%，明显高于平均水平 67.64%；而东部区域样本选择“时间不充足”的比例为 37.43%，明显高于平均水平 32.36%。

由此可知，东部区域样本损伤风险低，但学生兴趣不高、家长支持力度不够、时间不充足；中部区域样本经费充足、学生兴趣高、家长支持力度高、时间充足，但损伤风险高；西部区域样本领导和家长支持力度高、学生兴趣高，时间也较为充足。

四、我国校园足球课余训练内容保障的教学阶段差异

分析小学、初中、高中阶段校园足球课余训练内容的保障状况发现，不同教学阶段的样本对于师资力量、经费支持、学生兴趣、教练员待遇的差异不具有显著性（P＞0.05），但对于领导支持、场地器材、家长支持、损伤风险、制度保障、时间保障的差异具有显著性（P＜0.05）（表 2–24）。

表 2-24　我国校园足球课余训练内容保障的教学阶段差异

（单位：所）

项目	选择	教学阶段			总计	χ^2	P
		小学	初中	高中			
领导支持	高	228（39.04%）	148（42.05%）	88（29.33%）	464（37.54%）	12.226	0.002**
	不高	356（60.96%）	204（57.95%）	212（70.67%）	772（62.46%）		
场地器材	充足	212（36.30%）	176（50.00%）	120（40.00%）	508（41.10%）	17.223	0.000**
	不充足	372（63.70%）	176（50.00%）	180（60.00%）	728（58.90%）		
师资力量	充足	248（42.47%）	140（39.77%）	132（44.00%）	520（42.07%）	1.258	0.533
	不充足	336（57.53%）	212（60.23%）	168（56.00%）	716（57.93%）		
经费支持	充足	216（36.99%）	128（36.36%）	108（36.00%）	452（36.57%）	0.092	0.955
	不充足	368（63.01%）	224（63.64%）	192（64.00%）	784（63.43%）		
学生兴趣	高	248（42.47%）	152（43.18%）	140（46.67%）	540（43.69%）	1.473	0.479
	不高	336（57.53%）	200（56.82%）	160（53.33%）	696（56.31%）		
家长支持	高	212（36.30%）	168（47.73%）	132（44.00%）	512（41.42%）	12.900	0.002**
	不高	372（63.70%）	184（52.27%）	168（56.00%）	724（58.58%）		
损伤风险	高	424（72.60%）	240（68.18%）	184（61.33%）	848（68.61%）	11.728	0.003**
	不高	160（27.40%）	112（31.82%）	116（38.67%）	388（31.39%）		
制度保障	完善	352（60.27%）	204（57.95%）	148（49.33%）	704（56.96%）	9.876	0.007**
	不完善	232（39.73%）	148（42.05%）	152（50.67%）	532（43.04%）		
教练员待遇	高	304（52.05%）	204（57.95%）	148（49.33%）	656（53.07%）	5.296	0.071
	不高	280（47.95%）	148（42.05%）	152（50.67%）	580（46.93%）		
时间保障	充足	376（64.38%）	260（73.86%）	200（66.67%）	836（67.64%）	9.188	0.010*
	不充足	208（35.62%）	92（26.14%）	100（33.33%）	400（32.36%）		

注：*为 $P<0.05$，**为 $P<0.01$。

具体表现为：

不同教学阶段对于领导支持的差异呈现显著性（χ^2=12.226，P=0.002＜0.01），高中阶段选择“领导支持度不高”的比例为70.67%，明显高于平均水平62.46%。对于场地器材的差异呈现显著性（χ^2=17.223，P=0.000＜0.01），初中阶段选择“场地器材充足”的比例为50.00%，明显高于平均水平41.10%。对于家长支持的差异呈现显著性（χ^2=12.900，P=0.002＜0.01），初中阶段选择“家长支持度高”的比例为47.73%，明显高于平均水平41.42%。对于损伤风险的差异呈现显著性（χ^2=11.728，P=0.003＜0.01），高中阶段选择“损伤风险不高”的比例为38.67%，明显高于平均水平31.39%。对于制度保障的差异呈现显著性（χ^2=9.876，P=0.007＜0.01），高中阶段选择“制度保障不完善”的比例为50.67%，明显高于平均水平43.04%。对于时间保障的差异呈现显著性（χ^2=9.188，P=0.010＜0.05），初中阶段选择“时间充足”的比例为73.86%，明显高于平均水平67.64%。

由此可知，高中阶段校园足球课余训练的领导和家长支持力度不足、制度保障不完善、教练员待遇低，但学生兴趣高、师资力充足；初中阶段场地器材充足、领导和家长支持度高、时间较为充足，但师资力量稍有不足；小学阶段场地器材不足、家长支持度不高、损伤风险高，但制度比较完善。

因此，师资力量、场地器材、制度保障、教练员待遇等硬件保障以及相关政策、文件等制度保障不到位是影响我国校园足球课余训练开展的重要因素；“文件上重视，讲话中忽视，行动上漠视”的客观状况已经成为影响我国青少年校园足球课余训练开展的重要问题。

第四节 我国校园足球课余训练内容优化的思路

一、完善选人和用人机制，加强教练员队伍建设

教练员队伍是我国青少年校园足球课余训练开展的主要能动力量，打造一支数量充足、专业水平高的教练员队伍是我国青少年校园足球课余训练高质量开展的重要保障。根据目前我国青少年校园足球课余训练教练员数量不足、待遇低，且专业化水平低、学习机会少的客观现状，应不断完善机制，加强教练员队伍建设[43]。

完善选人和用人机制是教练员队伍建设的首要问题。“完善政策措施，创新用人机制，建立教师长期从事足球教学的激励机制”[56]，采用“体制内—体制外相结合”的用人机制，提高我国青少年校园足球课余训练的教练员队伍的数量和专业化水平。体制内主要采用“招聘、培养、借调三结合”的机制，可在人事条件允许的情况下，通过招聘足球专业毕业生充实教练员队伍；也可以通过大力支持和鼓励在职教练员外出学习、培训、实践，提高校园足球教练员的专业化水平。此外，还可通过校际“借调”的方式，采用“借智”的形式壮大教练员队伍和提高教练员专业化水平。体制外主要采用“引进、聘用双结合”的机制，可通过“政府购买服务”的形式引进或聘用俱乐部教练员、退役运动员等专业人员担任校园足球教练员，以壮大教练员队伍和提高教练员的专业化水平[43]。

二、完善组织机构和制度，确保课余训练落实到位

课余训练是我国青少年校园足球开展和推广的重要内容，切实推进

课余训练的开展是我国青少年校园足球加强内在建设和提高外在影响的重要基础和保障。但“重口号、轻落实”“重规划、轻督察”“招数不硬、措施不实”[56-57]的现象明显，严重影响了课余训练的开展。通过组织机构和规章制度的不断修改与完善，可解决校园足球课余训练存在的场地设施建设、规章制度执行、经费投入保障、机构设置、训练时间和次数保障等不足的问题[43]。

调查发现，69.90%的学校没有成立校园足球课余训练专门或相关的机构，部分学校存在“无工作机构、无工作地点、无工作人员”的“三无”状况。加强组织机构建设是促进课余训练顺利开展的必要途径。可采用“兼管—分管—专管”的形式，由“兼管”引起重视，以“分管”作为过渡，最终实现“专管”，促使校级领导逐步参与到校园足球课余训练的管理工作中；采用“兼职—专职”的形式，以“兼职”为筛选途径，最终实现“专职”，促使体育教师、教练员逐步参与到校园足球课余训练管理和服务工作中，以逐步成立校园足球课余训练机构或工作小组，为课余训练工作的开展提供组织机构保障[43]。

在完善组织机构的基础上，要加强规章制度建设。首先，要修改或完善教练员晋升、奖励制度，以提高教练员执训积极性，确保课余训练的教练员资源配备齐全。其次，要修改和完善学校体育工作考核评级制度，并将校园足球课余训练作为学校体育工作考核的重要内容，以促进校园足球课余训练的开展。最后，要修改和完善校园足球课余训练安全责任事故风险与处理制度，为校园足球课余训练提供安全、稳定的环境。此外，还要修改和完善校园足球课余训练经费投入与使用等制度。因此，完善组织机构和制度，是确保我国青少年校园足球课余训练落实到位的重要途径[43]。

三、更新训练理念，厘清课余训练内容层次

表现训练（Performance Training）[23]是当前运动训练的焦点。“最佳

运动表现金字塔”揭示了运动训练的逻辑层次，对我国青少年校园足球课余训练具有重要的指导作用。我国青少年校园足球课余训练的内容体系必须抓住当前运动训练研究和实践的前沿，深入挖掘我国青少年校园足球课余训练的灵活性/稳定性训练—动作模式训练—动作绩效训练—技战术训练的四级训练层次，以提高我国青少年校园足球课余训练的逻辑性、层次性，并解决当前我国校园足球课余训练“技术训练专业化、基础动作技能缺乏”“战术训练过多与不足两极分化”“体能训练内容缺失、发展重点混淆”等问题[43]。

首先，校园足球的灵活性/稳定性训练要结合人体“逐个关节理论”，根据校园足球动作和技术特点，重点做好髋关节、胸椎、盂肱关节等关节的灵活性训练，做好膝关节、腰椎、颈椎、肩胛胸壁关节等关节的稳定性训练；稳定性训练包括静态稳定性训练、动态稳定性训练、反射稳定性训练。其次，在灵活性、稳定性基础上开展动作模式训练。校园足球动作模式训练主要包括基本动作模式、功能动作模式、专项动作模式训练，其中基本动作模式包含下蹲、俯身、转体、步态、提拉、推撑、上举、爬动、翻滚等，而功能动作模式是两种或两种以上基本动作模式的组合，如下蹲+上举、转体+提拉等。再次，在动作模式训练的基础上开展动作绩效训练，动作绩效训练应包括速度、力量、耐力、灵敏、柔韧、平衡、协调等单个或组合身体素质训练。最后，在灵活性/稳定性训练、动作模式训练、动作绩效训练的基础上，开展校园足球技战术训练[43]。

四、注重长期发展，科学设计训练安排

根据青少年运动员发展规划和训练机会窗口（Optimal Windows of Trainability，OWT），放眼于我国青少年校园足球长远目标的实现，并坚持有步骤、有节奏地逐步达成既定目标，是促进我国青少年校园足球课余训练可持续性发展的重要途径[43]。

运动员长期发展规划和青少年身体发展规划对运动员长期发展规划进行了阶段划分，并概述了不同阶段的身体素质和技能发展目标。应依据运动员长期发展规划和青少年身体发展规划理论，根据积极参与（active start）、发展技能（fundamentals）、学习训练（learning to train）、专项训练（training to train）、比赛训练（training to compete）、针对训练（training to win）的运动员长期发展的 6 个阶段，更加科学地设计不同阶段的训练。比如，积极参与阶段的主要任务是基本动作技能（fundamental movement skills）训练；发展技能阶段的主要任务是灵敏、平衡、协调、速度、基本运动技能（fundamental sports skills）训练；学习训练阶段的主要任务是灵敏、平衡、协调、速度、基本运动技能、灵活性、力量训练；专项训练阶段的主要任务是灵敏、平衡、协调、速度、力量、能量系统、灵活性/稳定性训练；比赛训练阶段的主要任务是速度、灵敏、力量、爆发力、灵活性、稳定性、能量系统训练[43]。

训练机会窗口[53-54]，一般称为敏感期，目前一般认为儿童青少年的运动训练过程存在多个训练窗口，其中灵活性窗口 1～2 个、技术窗口 1～2 个、速度窗口 1～2 个、耐力窗口 1～2 个、力量窗口 1～3 个、爆发力窗口 1 个、3D 整合窗口 1 个。校园足球课余训练运用 OWT 理论，可设计不同学习阶段的身体素质和技能的具体训练目标，但应着重注意性别差异、身体素质和技能的发展序列。比如，发展为时 5 秒左右的纵向、横向、多方向动作速度的男生年龄阶段约为 6～9 岁，女生年龄阶段约为 5～8 岁；发展动作协调的男生年龄阶段约为 9～12 岁，女生年龄阶段约为 8～11 岁。此外，还有功能性力量、增肌力量、最大力量、爆发力、力量耐力的发展先后顺序，基本动作技能、基本运动技能、专项运动技能的先后顺序等[43]。

因此，鉴于目前我国校园足球课余训练内容的状况，根据本课题的研究范畴和研究范围，综合根据运动员长期发展规划、青少年身体发展规划、训练机会窗口理论等先进的运动训练理论，结合我国校园足球课余训练内容的实际情况，科学分析校园足球课余训练的基础单位，并以身体练习为切入点，着力探索校园足球课余训练的内容体系，进而分析我国校园足球课余训练的设计等是亟待解决的问题。

第三章
校园足球动作模式体系的构建

《关于开展全国青少年校园足球活动的通知》（体群字〔2009〕54 号）的发布标志着我国青少年校园足球活动（以下简称我国校园足球）的正式启动，但面对涉及区域如此之广、参与人员如此之多的校园足球活动，提高我国校园足球课余训练内容的针对性、功能性、科学性，更充分地发挥我国校园足球的功能价值是必须面对和亟待解决的问题。剖析校园足球课余训练的基础单位是课余训练内容设计的本源，亦是校园足球课余训练实践的重要依据，更是提高我国校园足球课余训练内容针对性、功能性、科学性的重要路径。

动作模式是我们掌握的所有技能以及所有其他练习和活动的基石[58]，动作模式稳定与整个运动过程能量使用的经济性和协调密切相关[59]。动作模式作为运动训练的基础单位，是运动选材、运动评估的重要指标[27]，更是影响运动训练、运动康复的计划制定和效果提升的重要因素[60-61]。将动作模式引入到校园足球课余训练领域必能促进校园足球课余训练的科学化发展，而依据人类动作发展规律、足球项目特征、最佳运动表现金字塔等理论、规律、原理，积极探索和构建校园足球动作模式体系必将能够为我国校园足球课余训练的科学化发展提供重要借鉴。

第一节 校园足球动作模式体系构建的基础

一、足球项目特征

足球项目无球活动与短暂休息占的比例较大（20%～60%），冲刺、急停、变向较多，但没有血乳酸的大量堆积，因此足球项目以有氧供能为基础，以无氧供能为突破。足球项目以最大相对力量、快速力量（启动力量、制动力量、反应力量、爆发力)、力量耐力为主。速度素质主要表现为反应速度、动作速度、移动速度，以直线速度与多方向速度相结合，且急起、冲刺、调整、急停、变向等形式居多；耐力素质以有氧耐力为基础，以无氧耐力和混氧耐力为突破；因足球项目需要准确预判对手意图，灵敏素质以封闭式灵敏为基础，以开放式灵敏为突破；柔韧素质注重肩部、髋部等部位涉及肌群的柔韧性；平衡稳定以静态平衡稳定为基础，以动态和反射平衡稳定为突破[63-64]。足球项目损伤部位主要集中在足趾、手腕、踝关节、手指、小腿、大腿、腰部、腹股沟、膝关节；损伤的类型主要有扭伤、劳损、擦伤、挫伤、肌肉拉伤、疲劳性骨膜炎、髌骨劳损、骨骺损伤、韧带损伤、骨折等[65-66]。若从动作层面分析，足球项目的上肢动作主要包括抛、推、掷球等，下肢动作是建立在推、拉、旋转模式上的踢球、接球、转身等动作；核心区动作主要包括稳定支撑、前屈、后伸、侧弯、旋转等动作。

二、最佳运动表现金字塔

最佳运动表现金字塔由格雷·库克（Gray Cook）于 2003 年提出[23]。它强调以人体基本的灵活性和稳定性为基础，在关节的灵活性和身体的稳定性充分发展的基础上升级到第二阶梯的高效动作模式，然后依次递升到动作绩效或体能训练、技战术训练。良好的动作模式在完成既定动作过程中基本没有出现代偿动作，能够达到一定的动作幅度，同时在完成动作过程中身体能够得到很好的控制。灵活性、稳定性为基本功能动作阶段，在此基础上的动作绩效、身体素质、体能训练、技战术训练等，都能够实现能量传递的最大化和损伤降低的最大化（图 3–1）。

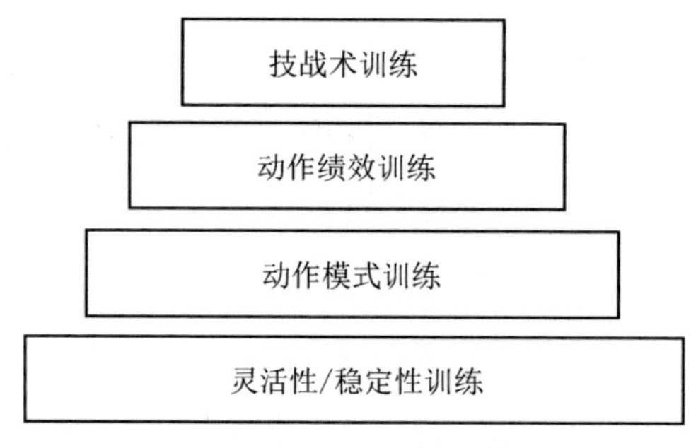

图 3-1　最佳运动表现金字塔

三、人类动作发展规律

人类动作发展具有一定的规律性和时序性。一般来讲，人类动作发展会经过基本动作模式、基本动作技能、基本运动技能、专项运动技能的先后顺序。基本动作模式包括下蹲、俯身、转体、步态、滚动等基本动作；基本动作技能包括走、跑、双脚跳、单脚跳、跳过、越过、躲闪、侧滑步、前滑步等移动性动作技能，弯曲、伸展、摆动、摇晃、转动、扭动、推、拉等非移动性动作技能，滚、投、接、踢、击打、截击、悬空踢、连击（脚、手）等操作性动作技能；基本运动技能是基本动作技能的延续，是更加接近运动项目和运动性质的技能；而专项运动技能是与校园足球项目密切相关的专项性技能（图 3-2）。

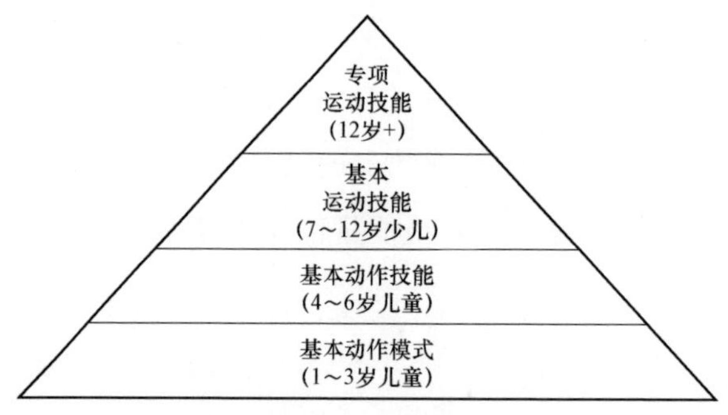

图 3-2　人类动作发展规律［根据刘展（2017）修改］

第二节 校园足球动作模式体系的构建结果

一、校园足球动作模式指标体系的提出

本研究根据科学性、特异性、整体性、可操作性等原则[67]，在文献资料和专家访谈的基础上，结合课题组赴法国、德国、巴西的学习经验和研究基础，初步提出了校园足球动作模式指标体系。该动作模式指标体系主要包括基本动作模式、功能动作模式、专项动作模式 3 个一级指标，推、拉、旋转、俯身、下蹲、蹲起、提拉、滚动、转体、推撑、上举、跑、接、走、踢、跳、滚、抛、托、扑、爬、掷 22 个二级指标（表 3–1）。

表 3–1 校园足球动作模式指标体系初选指标

基本动作模式	功能动作模式	专项动作模式
推	蹲起	走
	上举	跑
	推撑	跳
拉	下蹲	掷
	俯身	踢
	提拉	爬
旋转	转体	滚
	滚动	接
—	—	扑
		托
		抛

二、校园足球动作模式指标体系的确立

（一）校园足球动作模式指标体系一级指标的确立

统计第一轮专家问卷调查结果发现，专家对 3 项一级指标的意见集中度均大于 3 分，且各指标的变异系数不大，在半开放式问卷调查中，专家也没有提出其他新的指标（表 3–2）。

表 3–2　一级指标专家意见集中度和变异系数

指标体系	频数/人	最小值	最大值	平均数	变异系数
基本动作模式	12	4	5	4.500	0.116
功能动作模式	12	4	5	4.500	0.116
专项动作模式	12	4	5	4.833	0.081

为进一步研究一级指标的结构效度，研究采用因子分析法进行分析，结果发现特征根大于 1 的公共因子有 1 个[68]，在基本动作模式、功能动作模式、专项动作模式 3 个一级指标上共抽取 1 个公共因子（动作模式），且 3 个一级指标可解释该公共因子的 96.667%，因此研究认为我国校园足球动作模式指标体系的一级指标具有较好的结构效度（表 3–3）。

表 3–3　一级指标解释的总方差一览表

成分	初始特征值			提取平方和负荷量		
	合计	方差/%	累计/%	合计	方差/%	累计/%
动作模式	3.000	96.667	96.667	3.000	96.667	96.667

（二）校园足球动作模式指标体系二级指标的确立

统计第一轮专家问卷调查结果发现，在半开放式问卷调查时，部分专家提出将推、拉、旋转与俯身、下蹲、蹲起、提拉、滚动、转体、推

撑、上举两类指标归为一大类，并命名为一般动作模式，但鉴于推、拉、旋转是以动作方式进行分类，而俯身、下蹲、蹲起、提拉、滚动、转体、推撑、上举是以动作类型进行分类，且俯身、下蹲、蹲起、提拉、滚动、转体、推撑、上举是推、拉、旋转三种基本动作模式的演化和组合，因此课题组保持原有分类，并与专家进行交流后获得认可，然后进行第二轮专家问卷调查。

统计第二轮专家问卷调查结果发现，22 个二级指标的专家意见集中度均大于 3 分，且变异系数不大，表明专家对二级指标的认可度较高。本研究采用因子分析法对二级指标的结构效度进行验证，统计发现，22 个二级指标对 3 个一级指标的累计贡献率均大于 50%[40]，其中二级指标推、拉、旋转对基本动作模式的累计解释方差比例为 88.165%，二级指标俯身、下蹲、蹲起、提拉、滚动、转体、推撑、上举对功能动作模式的累计解释方差比例为 84.321%，二级指标走、跑、接、踢、跳、滚、抛、托、扑、爬、掷对专项动作模式的累计解释方差比例为 93.238%。因此，本研究认为我国校园足球动作模式指标体系的二级指标具有较好的结构效度（表 3–4、表 3–5）。

表 3–4　二级指标专家意见集中度和变异系数

二级指标	频数/人	最小值	最大值	平均数	变异系数
推	12	4	5	4.833	0.081
拉	12	4	5	4.667	0.106
旋转	12	3	5	4.333	0.180
蹲起	12	3	5	4.500	0.177
上举	12	2	5	3.833	0.245
推撑	12	2	5	4.083	0.265
下蹲	12	4	5	4.667	0.106
俯身	12	4	5	4.833	0.081
提拉	12	4	5	4.500	0.116

续表

二级指标	频数/人	最小值	最大值	平均数	变异系数
转体	12	3	5	4.333	0.180
滚动	12	4	5	4.417	0.117
走	12	4	5	4.667	0.106
跑	12	4	5	4.833	0.081
跳	12	3	5	4.500	0.177
掷	12	3	5	4.000	0.000
踢	12	4	5	4.667	0.106
爬	12	3	5	4.083	0.164
滚	12	4	5	4.417	0.117
接	12	4	5	4.833	0.081
扑	12	3	5	4.083	0.164
托	12	4	5	4.250	0.106
抛	12	4	5	4.417	0.117

表 3-5　二级指标解释的总方差一览表

成分	初始特征值			提取平方和负荷量		
	合计	方差/%	累计/%	合计	方差/%	累计/%
基本动作模式	2.645	88.165	88.165	2.645	88.165	88.165
	0.355	11.835	100.000			
功能动作模式	6.746	84.321	84.321	6.746	84.321	84.321
	0.714	8.921	93.242			
	0.541	6.758	100.000			
专项动作模式	10.256	93.238	93.238	10.256	93.238	93.238
	0.387	3.515	96.753			
	0.357	3.247	100.000			

（三）校园足球动作模式指标体系的权重确立

本研究采用主成分分析法对我国校园足球动作模式体系的各级指标

进行赋权，其步骤为：对成分矩阵和解释的总方差的数据进行采集和整理，计算线性组合中的系数，计算综合得分模型中的系数，进行权重归一化处理[68-69]。本研究首先对指标体系的一级指标进行赋权，然后分别对二级指标进行赋权，最后进行总权重分析，即总权重=二级指标权重×一级指标权重（表 3–6）。

表 3–6　校园足球动作模式指标体系权重

一级指标	一级指标权重	二级指标	二级指标权重	总权重
基本动作模式	0.372	推	0.368	0.137
		拉	0.387	0.144
		旋转	0.245	0.091
功能动作模式	0.372	蹲起	0.147	0.055
		上举	0.118	0.044
		推撑	0.129	0.048
		下蹲	0.138	0.051
		俯身	0.113	0.042
		提拉	0.106	0.039
		转体	0.134	0.050
		滚动	0.117	0.044
专项动作模式	0.255	走	0.100	0.026
		跑	0.086	0.022
		跳	0.093	0.024
		掷	0.092	0.023
		踢	0.100	0.026
		爬	0.092	0.023
		滚	0.087	0.022
		接	0.086	0.022
		扑	0.092	0.023
		托	0.081	0.021
		抛	0.090	0.023

三、校园足球动作模式指标体系的解读

本研究对包括全国青少年校园足球专家委员会委员、科研工作组专家以及备战奥运会专家等校园足球、运动训练、体育教学等领域的专家、学者进行专家访谈和问卷调查，并认为校园足球动作模式体系包括基本动作模式、功能动作模式、专项动作模式三个层次是基本合理的。其中，校园足球基本动作模式是人类生存的基础动作或动作组合；功能动作模式是衔接和转换，是基本动作模式的组合、排列，是逐渐向校园足球专项过渡的动作或动作组合；而专项动作模式是结合足球专项的关键，它是建立在功能动作模式上的各种组合、排列，是体现足球专项需求的动作或动作组合[62]。基本动作模式、功能动作模式、专项动作模式在发展序列上是先后关系，即基本动作模式完善后进行功能动作模式训练，功能动作模式完善后进行专项动作模式训练;但在发展周期上是循环关系，当功能动作模式受损或破坏后，需要进行基本动作模式的训练，进而重建功能动作模式；当专项动作模式受损或破坏后，需要进行功能动作模式、基本动作模式的训练，进而重建专项动作模式。

基本动作模式包括推、拉、旋转三个基本动作。其中推是指将负重推离身体重心的过程，具体可分为上肢推、下肢推、全身推；在推的动作基础上演化出站起、蹲起、伸腿等动作。拉是指将负重拉近身体重心的过程，具体可分为上肢拉、下肢拉、全身拉；在拉的基础上演化出划船、仰卧起坐等动作。旋转是负重围绕身体重心转动的过程，具体可分为上肢旋转、下肢旋转、全身旋转；在旋转的基础上演化出翻身、滚动、转体等动作[62]。

功能动作模式包括蹲起、上举、推撑、下蹲、俯身、提拉、转体、滚动 8 个动作。功能动作模式是一种或几种基本动作模式的功能性演化，其中蹲起、上举、推撑是基本动作模式推的功能性演化（如坐姿蹲起是下肢推动作模式的功能性演化，而全身上举是下肢推和上肢推

的联合动作模式）；俯身、下蹲、提拉是基本动作模式拉的功能性演化（如俯身单臂划船是上肢拉动作模式的功能性演化，直腿硬拉是下肢拉动作模式的演化）；转体、滚动是基本动作模式旋转的功能性演化（如香蕉滚动是全身旋转动作模式的演化，跪姿提拉是上肢旋转动作模式的演化）[62]。

专项动作模式包括走、跑、跳、掷、踢、爬、滚、接、扑、托、抛11个动作或动作组合。这11个专项动作模式均与校园足球专项动作有关，但都建立在基本动作模式和功能动作模式的基础之上。比如，走、跑、踢是下肢推、下肢拉、上肢推、上肢拉和旋转等基本动作模式的联合动作模式，也是推撑、提拉、转体等功能动作模式的联合动作模式；跳是全身推基本动作模式的专项性演化，也是俯身、蹲起等功能动作模式的联合动作模式；掷、扑、托、抛是下肢推、上肢推等基本动作模式的联合动作模式，也是推撑、上举等功能动作模式的联合动作模式；爬是推、拉、旋转基本动作模式的联合动作模式，也是俯身、推撑、提拉、转体等功能动作模式的联合动作模式；滚动是旋转基本动作模式的专项性演化，也是转体、滚动等功能动作模式的联合动作模式；接动作模式中的下肢接球是下肢拉和旋转等基本动作模式的联合动作模式和下蹲、俯身、转体等功能动作模式的联合动作模式，上肢接球是上肢推、上肢拉、下肢推、下肢拉和推撑、上举、提拉、俯身等功能动作模式的联合动作模式[62]。

四、我国校园足球专项动作模式的分解

基本动作模式的推、拉、旋转是我国校园足球课余训练中力量训练的指导动作模式，蹲起、上举、推撑、下蹲、俯身、提拉、转体、滚动8个功能动作模式涉及校园足球课余训练的众多内容，这两种动作模式易于理解和操作。专项动作模式为基本动作模式或功能动作模式的组合建立在基本动作模式和功能动作模式的基础之上，更加贴近校园足球

课余训练的实践活动，为便于理解和提高实践指导的操作性，本研究重点对校园足球专项动作模式进行分解，并将其分解为单个或序列动作（表 3–7）。

走和跑动作模式可分解为活塞步、折叠步、后退步、滑步、切步、交叉步、开放步、后撤步等基本动作，根据该部分基本动作设计动作准备训练、速度训练、耐力训练、灵敏训练、协调能力训练等训练内容的方法体系。跳动作模式可分解为有反向、无反向、双接触等基本动作，根据该部分基本动作可设计爆发力训练、反应力量训练等的内容体系。跳、掷、踢、爬、滚、接、扑、托、抛动作模式可分解为有反向、无反向、双接触、上手掷、下手掷、地面踢、悬空踢、对侧爬、同侧爬、上肢引导滚动、下肢引导滚动、躯干引导滚动、四肢接、躯干接、原地扑、鱼跃扑、单手托、双手托、上手抛、下手抛等基本动作，根据这些基本动作可以设计爆发力训练、反应力量训练、平衡稳定训练、协调能力训练、最大力量训练、启动力量训练、制动力量训练、反应速度训练、基础力量训练等训练内容的方法体系。

表 3–7 我国校园足球专项动作模式分解

一级指标	二级指标	单个/序列动作	对应主要训练内容
基本动作模式	推、拉、旋转	—	各类力量训练
功能动作模式	蹲起	—	综合训练
	上举	—	综合训练
	推撑	—	综合训练
	下蹲	—	综合训练
	俯身	—	综合训练
	提拉	—	综合训练
	转体	—	综合训练
	滚动	—	综合训练

续表

一级指标	二级指标	单个/序列动作	对应主要训练内容
专项动作模式	走、跑	活塞步、折叠步、后退步、滑步、切步、交叉步、开放步、后撤步	动作准备训练、速度训练、耐力训练、灵敏训练、协调能力训练
	跳	有反向、无反向、双接触	爆发力训练、反应速度训练
	掷	上手掷、下手掷	爆发力训练、平衡稳定训练
	踢	地面踢、悬空踢	爆发力训练、平衡稳定训练
	爬	对侧爬、同侧爬	平衡稳定训练、协调能力训练
	滚	上肢引导滚动、下肢引导滚动、躯干引导滚动	平衡稳定训练、协调能力训练
	接	四肢接、躯干接	最大力量训练、制动力量训练、平衡稳定训练
	扑	原地扑、鱼跃扑	反应速度训练、基础力量、启动力量、平衡稳定训练
	托	单手托、双手托	反应速度训练、反应力量、启动力量、平衡稳定训练
	抛	上手抛、下手抛	基础力量训练、爆发力训练、平衡稳定训练

研究发现，动作模式作为运动训练的基础单位和重要内容，将其引入校园足球课余训练领域能促进校园足球课余训练的科学化发展。但校园足球动作模式体系构建需要遵循科学性、特异性、整体性、可操作性等基本原则，并以足球项目特点、运动员长期发展规划、人类动作发展规律等基本理论和研究成果为理论基础，遵循科学的构建步骤。

我国校园足球动作模式体系包括基本动作模式、功能动作模式、专项动作模式三个层次，其中基本动作模式是基础，功能动作模式是衔接，专项动作模式是关键。基本动作模式包括推、拉、旋转 3 个指标；功能动作模式包括俯身、下蹲、蹲起、提拉、滚动、转体、推撑、上举 8 个指标；专项动作模式包括跑、接、走、踢、跳、滚、抛、托、扑、爬、掷 11 个指标。根据基本动作模式、功能动作模式、专项动作模式可以设计校园足球课余训练的力量、速度、耐力、灵敏、平衡稳定、协调能力等的训练内容体系。

第四章
我国校园足球课余训练内容体系的构建

国家高度重视并连续发文指导青少年校园足球活动的开展，截至2019年12月，全国共有国家和地方校园足球特色学校27000余所。课余训练是青少年校园足球活动体系的重要组成部分[42,70]，与青少年校园足球可持续发展休戚相关[71]，亦是保证青少年校园足球活动科学化、针对性、实效性的关键一环。但目前青少年校园足球课余训练的专题研究不足且呈现碎片化，尤其是针对青少年校园足球课余训练内容体系的研究较少。鉴于本课题的研究范围，本章基于校园足球动作模式体系，以“我国校园足球课余训练内容体系的理论构建”为研究对象，以身体训练为研究视角，采用文献资料法、专家访谈法、问卷调查法、统计法、逻辑法等方法构建我国校园足球课余训练的内容体系，并筛选不同学龄段身体训练的重点内容，以期为我国校园足球课余训练的开展提供科学的理论参考和实践指导。

第一节　我国校园足球课余训练内容体系构建的基础

一、身体素质发展敏感期

“敏感期”在国内外有不同表述，比如“sensitive period”“critical period”“critical porion”等，也有学者采用训练机会窗口、加速适应窗口（window of accelerated adaptation）、机会窗口（windows of opportunity）[72-73]等类似的表述。虽然表述用词和所指重点有所不同，但“可训性高”是敏感期或者“窗口”（Windows）的本质，可训性大小是评价身体素质发展敏感期或者“窗口”（Windows）的“黄金标准”[74]。一般来讲身体素质有速度、力量、耐力、灵敏、柔韧、协调耐力等若干敏感期或训练窗口[54]（表4–1），本章根据身体素质发展敏感期的理论和研究成果，进行校园足球课余训练内容指标筛选和确定。

表 4-1 儿童青少年身体素质发展敏感期

身体素质	素质子类	男/岁	女/岁
力量素质	绝对力量	12～15	10～12
	相对力量	10～14	10～14
	力量耐力	14～17	5～8，14～16
	爆发力	5～8，11～14	7～13
耐力素质	有氧耐力	10～17	9～14，16～17
	无氧耐力	10～20	9～18
速度素质	—	7～9，12～15	6～8，11～13
柔韧素质	—	6～10	6～10
灵敏素质	—	6～11	6～11

二、运动员长期发展规划

运动员长期发展规划由伊斯特万·巴尔伊（Istvan Balyi）[72]在 20 世纪 90 年代早期创建，主要描述高水平运动员长期发展模型。

运动员长期发展规划理论综合了运动训练学、教练学、运动生理学、学校体育学、运动技能习得、运动选材学等理论研究的前沿成果，是运动训练、大众健身等身体能力发展的操作手册；它以发展运动能力、提高运动表现、促进终身体育活动为主要目标，并从多个方面不断完善，以期达到培养终身体育生活方式和优秀运动员的双重目标[75]。

第二节　我国校园足球课余训练内容体系的构建结果

一、我国校园足球课余训练内容体系的提出

（一）我国校园足球课余训练内容体系指标初选

本研究按照校园足球课余训练内容体系的构建依据，在文献查阅、专家访谈的基础上，结合在法国、德国、巴西的学习所得和研究团队的实践经验，初步提出青少年校园足球身体训练的内容体系，该体系包含测试评估、动作准备、基本功能、身体素质、恢复再生 5 个一级指标，基础身体测评、动作质量测评、运动能力测评、软组织梳理、肌肉激活、动态拉伸、动作整合、神经系统激活、灵活性、稳定性、力量素质、速度素质、耐力素质、灵敏素质、协调能力、结构恢复、功能恢复等 17 个二级指标和 46 个三级指标，通过半开放式问卷进行专家问卷调查（表 4-2）。

表 4-2　我国校园足球课余训练内容体系指标初选

一级指标	二级指标	三级指标
测试评估	基础身体测评	生理学测评 解剖学测评
	动作质量测评	功能动作筛查
		Y 平衡测试
	运动能力测评	一般运动能力测评
		专项运动能力测评
动作准备	软组织梳理	肌筋膜释放
		扳机点松解

续表

一级指标	二级指标	三级指标
动作准备	肌肉激活	臀部激活
		腰部激活
		肩部激活
	动态拉伸	主动拉伸
		被动拉伸
	动作整合	基本姿势整合
		快速伸缩复合整合
		动作技能整合
	神经系统激活	原地快速反应
		行进间快速反应
基本功能	灵活性	关节活动度
		软组织延展性
	稳定性	静态稳定性
		动态稳定性
		反射稳定性
身体素质	力量素质	最大力量
		启动力量
		制动力量
		反应力量
		爆发力
		力量耐力
	速度素质	启动速度
		加速
		最大速度
		减速制动
		变向

续表

一级指标	二级指标	三级指标
身体素质	耐力素质	有氧耐力
		无氧耐力
		混氧耐力
	灵敏素质	开放式灵敏
		封闭式灵敏
	协调能力	视—动协调能力
		听—动协调能力
		肢体协调能力
恢复再生	结构恢复	肌筋膜梳理
		扳机点释放
	功能恢复	拉伸放松
		呼吸放松

（二）我国校园足球课余训练内容体系指标筛选

在专家问卷调查中，部分专家提出：第一，根据训练内容的性质，建议将动作准备、灵活性、稳定性、恢复再生统一作为基本功能的下设指标较为妥当；第二，将动态拉伸、呼吸放松等部分三级指标作为支撑训练内容的方法手段更为合理。基于专家的建议，研究团队经过反复分析和访谈，结合课题研究的范围和实践指导的操作性，决定采纳专家观点，并重新对校园足球课余训练的内容体系指标进行筛选，重新筛选后的我国校园足球课余训练内容体系包括测试评估、基本功能、身体素质 3 个一级指标，基础身体测评、动作质量测评、运动能力测评、动作准备、恢复再生、灵活性、稳定性、力量素质、速度素质、耐力素质、灵敏素质、协调能力等 12 个二级指标和 35 个三级指标（表 4–3）。

表 4－3　我国校园足球课余训练内容体系指标筛选

一级指标	二级指标	三级指标
测试评估	基础身体测评	解剖学测评
		生理学测评
	动作质量测评	功能动作筛查
		Y 平衡测试
	运动能力测评	一般运动能力测评
		专项运动能力测评
基本功能	动作准备	软组织准备
		动作准备
		神经准备
	恢复再生	结构恢复
		功能恢复
	灵活性	关节活动度
		软组织延展性
	稳定性	静态稳定性
		动态稳定性
		反射稳定性
身体素质	力量素质	最大力量
		启动力量
		制动力量
		反应力量
		爆发力
		力量耐力
	速度素质	启动速度
		加速
		最大速度
		减速制动
		变向
	耐力素质	有氧耐力
		无氧耐力
		混氧耐力
	灵敏素质	开放式灵敏
		封闭式灵敏
	协调能力	视—动协调能力
		听—动协调能力
		肢体协调能力

二、我国校园足球课余训练内容体系指标的确立

（一）我国校园足球课余训练内容体系一级指标的确立

统计第一轮专家问卷调查结果发现，专家对 3 个一级指标的意见集中度均大于 3 分，且各指标的变异系数不大，在半开放式问卷调查中专家也没有提出新的指标（表 4–4）。

表 4–4　一级指标专家意见集中度和变异系数

一级指标	频数/人	最小值	最大值	平均数	变异系数
测试评估	12	4	5	4.833	0.081
基本功能	12	3	5	4.667	0.140
身体素质	12	4	5	4.833	0.081

为进一步研究一级指标的结构效度，本研究采用因子分析法进行分析，结果发现特征根大于 1 的公共因子有 1 个[68]，在测试评估、基本功能、身体素质 3 个一级指标上共抽取 1 个公共因子，且 3 个一级指标可解释该公共因子的 93.001%，因此研究认为我国校园足球课余训练内容的一级指标具有较好的结构效度（表 4–5）。

表 4–5　一级指标解释的总方差一览表

成分	初始特征值			提取平方和负荷量		
	合计	方差/%	累计/%	合计	方差/%	累计/%
训练内容	2.790	93.001	93.001	2.790	93.001	93.001

（二）我国校园足球课余训练内容体系二级指标的确立

统计第一轮专家问卷调查结果发现，专家对 12 个二级指标的意见集中度均大于 3 分，且各指标的变异系数不大，在半开放式问卷调查中专家也没有提出新的指标。为进一步研究二级指标的结构效度，本研究采用因

子分析法进行分析，结果发现特征根大于 1 的公共因子有 1 个[68]，基础身体测评、动作质量测评、运动能力测评对测试评估的累计解释方差比例为 95.893%，动作准备、恢复再生、灵活性、稳定性对基本功能的累计解释方差比例为 86.813%，力量素质、速度素质、耐力素质、灵敏素质、协调能力对身体素质的累计解释方差比例为 95.776%，因此研究认为我国校园足球课余训练内容的二级指标具有较好的结构效度（表 4-6、表 4-7）。

表 4-6 二级指标专家意见集中度和变异系数

二级指标	频数/人	最小值	最大值	平均数	变异系数
基础身体测评	12	3	5	4.583	0.173
动作质量测评	12	4	5	4.750	0.095
运动能力测评	12	3	5	4.667	0.140
动作准备	12	4	5	4.750	0.095
恢复再生	12	4	5	4.750	0.095
灵活性	12	4	5	4.833	0.081
稳定性	12	3	5	4.750	0.131
力量素质	12	3	5	4.417	0.180
速度素质	12	4	5	4.833	0.081
耐力素质	12	3	5	4.333	0.227
灵敏素质	12	4	5	4.667	0.106
协调能力	12	4	5	4.667	0.106

表 4-7 二级指标解释的总方差一览表

<table>
<tr><th rowspan="2">成分</th><th colspan="3">初始特征值</th><th colspan="3">提取平方和负荷量</th></tr>
<tr><th>合计</th><th>方差/%</th><th>累计/%</th><th>合计</th><th>方差/%</th><th>累计/%</th></tr>
<tr><td rowspan="3">测试评估</td><td>2.877</td><td>95.893</td><td>95.893</td><td rowspan="3">2.877</td><td rowspan="3">95.893</td><td rowspan="3">95.893</td></tr>
<tr><td>0.076</td><td>2.530</td><td>98.424</td></tr>
<tr><td>0.047</td><td>1.576</td><td>100.000</td></tr>
<tr><td rowspan="3">基本功能</td><td>3.473</td><td>86.813</td><td>86.813</td><td rowspan="3">3.473</td><td rowspan="3">86.813</td><td rowspan="3">86.813</td></tr>
<tr><td>0.470</td><td>11.745</td><td>98.558</td></tr>
<tr><td>0.058</td><td>1.442</td><td>100.000</td></tr>
<tr><td rowspan="2">身体素质</td><td>3.943</td><td>95.776</td><td>95.776</td><td rowspan="2">3.943</td><td rowspan="2">95.776</td><td rowspan="2">95.776</td></tr>
<tr><td>0.211</td><td>4.224</td><td>100.000</td></tr>
</table>

（三）我国校园足球课余训练内容体系三级指标的确立

统计第一轮专家问卷调查结果发现，部分专家提出应增加核心力量和反应速度 2 个三级指标。分析发现，本研究中的力量素质以力量性质进行分类，而核心力量所属的核心区训练以身体部分进行分类；且核心力量是核心区训练的一部分，而本研究已将核心力量融入力量素质和平衡稳定等身体素质训练中。同样，本研究根据校园足球课余训练的实际操作经验，并借鉴国外研究成果，将反应速度训练融入启动、变向速度等速度素质训练中。基于上述原因，课题组与专家进行了进一步交流，得到了专家的认可，因此没有增加核心力量和反应速度 2 个二级指标。

统计第二轮专家调查结果发现，35 个三级指标的专家意见集中度均大于 3 分，且变异系数不大，表明专家对三级指标的认可度较高。本研究采用因子分析法对三级指标的结构效度进行验证，统计发现，35 个三级指标对 12 个二级指标的累计解释方差比例均大于 80%，其中解剖学测评、生理学测评、软组织准备、动作准备、神经准备、静态稳定性、动态稳定性、有氧耐力、无氧耐力、混氧耐力、视—动协调能力、听—动协调能力、肢体协调能力等三级指标对基础身体测评、动作准备、稳定性、耐力素质、协调能力 5 个二级指标的累计解释方差比例均在 90% 以上，其他三级指标对动作质量测评、运动能力测评、恢复再生、灵活性、力量素质、速度素质、灵敏素质 7 个二级指标的累计解释方差比例也都在 85%以上。因此我国校园足球课余训练内容体系的三级指标结构效度较好（表 4–8、表 4–9）。

表 4–8 三级指标专家意见集中度和变异系数

三级指标	频数/人	最小值	最大值	平均数	变异系数
解剖学测评	12	3	5	4.167	0.247
生理学测评	12	3	5	4.250	0.227
功能动作筛查	12	4	5	4.667	0.106
Y 平衡测试	12	3	5	4.667	0.140

续表

三级指标	频数/人	最小值	最大值	平均数	变异系数
一般运动能力测评	12	3	5	4.167	0.225
专项运动能力测评	12	4	5	4.750	0.095
软组织准备	12	4	5	4.833	0.081
动作准备	12	4	5	4.750	0.095
神经准备	12	4	5	4.750	0.095
结构恢复	12	4	5	4.583	0.112
功能恢复	12	4	5	4.667	0.106
关节活动度	12	3	5	4.750	0.131
软组织延展性	12	4	5	4.750	0.095
静态稳定性	12	4	5	4.750	0.095
动态稳定性	12	4	5	4.917	0.059
反射稳定性	12	4	5	4.583	0.112
最大力量	12	2	5	3.500	0.334
启动力量	12	4	5	4.750	0.095
制动力量	12	4	5	4.500	0.116
反应力量	12	4	5	4.750	0.095
爆发力	12	4	5	4.750	0.095
力量耐力	12	3	5	4.250	0.204
启动速度	12	4	5	4.917	0.059
加速	12	4	5	4.750	0.095
最大速度	12	4	5	4.750	0.095
减速制动	12	4	5	4.750	0.095
变向	12	4	5	4.750	0.095
有氧耐力	12	3	5	4.500	0.201
无氧耐力	12	1	5	3.250	0.475
混氧耐力	12	1	5	3.750	0.457
开放式灵敏	12	4	5	4.833	0.081
封闭式灵敏	12	4	5	4.750	0.095
视—动协调能力	12	4	5	4.833	0.081
听—动协调能力	12	4	5	4.583	0.112
肢体协调能力	12	4	5	4.750	0.095

表 4－9 三级指标解释的总方差一览表

成分	初始特征值			提取平方和负荷量		
	合计	方差/%	累计/%	合计	方差/%	累计/%
基础身体测评	1.960	98.009	98.009	1.960	98.009	98.009
	0.040	1.991	100.000			
动作质量测评	1.756	87.796	87.796	1.756	87.796	87.796
	0.244	12.204	100.000			
运动能力测评	1.750	87.524	87.524	1.750	87.524	87.524
	0.250	12.476	100.000			
动作准备	2.704	90.139	90.139	2.704	90.139	90.139
	0.296	9.861	100.000			
恢复再生	1.478	89.905	89.905	1.478	89.905	89.905
	0.522	10.095	100.000			
灵活性	1.728	86.380	86.380	1.728	86.380	86.380
	0.272	13.620	100.000			
稳定性	2.714	90.480	90.480	2.714	90.480	90.480
	0.286	9.520	100.000			
力量素质	5.325	88.746	88.746	5.325	88.746	88.746
	0.675	11.254	100.000			
速度素质	4.328	86.556	86.556	4.328	86.556	86.556
	0.672	13.444	100.000			
耐力素质	2.868	95.586	95.586	2.868	95.586	95.586
	0.122	4.077	99.663			
灵敏素质	1.775	88.730	88.730	1.775	88.730	88.730
	0.225	11.270	100.000			
协调能力	2.809	93.632	93.632	2.809	93.632	93.632
	0.191	6.368	100.000			

（四）我国校园足球课余训练内容体系指标权重的确立

本研究采用主成分分析法对我国校园足球课余训练内容体系的各级指标进行赋权，其步骤为：对成分矩阵和解释的总方差的数据进行采集和整理，计算线性组合中的系数，计算综合得分模型中的系数，进行权重归一化处理[68-69]。本研究首先对我国校园足球课余训练内容体系的一级指标进行赋权，然后分别对二级指标和三级指标进行赋权（表 4－10）。

表 4-10 校园足球课余训练内容体系指标权重

一级指标	权重	二级指标	权重	三级指标	权重
测试评估	0.250	基础身体测评	0.332	解剖学测评	0.500
				生理学测评	0.500
		动作质量测评	0.333	功能动作筛查	0.500
				Y 平衡测试	0.500
		运动能力测评	0.335	一般运动能力测评	0.478
				专项运动能力测评	0.522
基本功能	0.365	动作准备	0.253	软组织准备	0.344
				动作准备	0.344
				神经准备	0.312
		恢复再生	0.253	结构恢复	0.500
				功能恢复	0.500
		灵活性	0.251	关节活动度	0.482
				软组织延展性	0.518
		稳定性	0.244	静态稳定性	0.296
				动态稳定性	0.338
				反射稳定性	0.366
身体素质	0.385	力量素质	0.196	最大力量	0.164
				启动力量	0.190
				制动力量	0.152
				反应力量	0.116
				爆发力	0.190
				力量耐力	0.188
		速度素质	0.215	启动速度	0.216
				加速	0.216
				最大速度	0.136
				减速制动	0.216
				变向	0.216
		耐力素质	0.158	有氧耐力	0.331
				无氧耐力	0.329
				混氧耐力	0.340
		灵敏素质	0.215	开放式灵敏	0.528
				封闭式灵敏	0.472
		协调能力	0.215	视—动协调能力	0.331
				听—动协调能力	0.314
				肢体协调能力	0.354

三、我国校园足球课余训练内容体系的分解

鉴于测试评估和基本功能中的动作准备、恢复再生是所有学龄段均要常规开展的内容，本研究对上述指标不进行学龄段分解，主要对其他指标进行学龄段分解。在专家问卷调查的基础上，结合文献资料和实践经验，发现不同学龄段校园足球课余训练内容的重点存在差异，尤其在最大力量、启动力量、制动力量、爆发力、力量耐力、最大速度、减速制动、有氧耐力、无氧耐力、混氧耐力 10 项身体练习指标上的差异具有统计学意义，其他指标的差异虽然不具有统计学意义，但也有明显的学龄阶段特征（表 4－11）。该研究结果与身体素质发展敏感期、运动员长期发展规划等相关研究成果基本相符[76-77]。

表 4－11　不同学龄段课余训练内容分解（*n*=21）

指标	学龄段	M	F	Sig	Lsd	指标	学龄段	M	F	Sig	Lsd
关节活动度	小学	4.333	0.719	0.544	2=3＞4＞1	启动速度	小学	4.286	1.726	0.168	4＞3＞2＞1
	初中	4.619					初中	4.571			
	高中	4.619					高中	4.619			
	大学	4.429					大学	4.810			
软组织延展性	小学	4.429	0.163	0.921	2=3＞4＞1	加速	小学	4.286	2.458	0.069	4=3＞2＞1
	初中	4.571					初中	4.619			
	高中	4.571					高中	4.810			
	大学	4.476					大学	4.810			
静态稳定性	小学	4.524	1.570	0.203	1＞2＞3＞4	最大速度	小学	3.810	5.800	0.001	4=3＞2＞1
	初中	4.333					初中	4.381			
	高中	4.190					高中	4.714			
	大学	3.952					大学	4.714			
动态稳定性	小学	4.333	0.430	0.732	3＞4=2＞1	减速制动	小学	4.048	3.652	0.016	4＞3＞2＞1
	初中	4.619					初中	4.571			
	高中	4.524					高中	4.619			
	大学	4.524					大学	4.762			

续表

指标	学龄段	M	F	Sig	Lsd
反射稳定性	小学	4.286	0.582	0.628	2>3>4>1
	初中	4.571			
	高中	4.524			
	大学	4.381			
最大力量	小学	3.048	3.904	0.012	4>3>2>1
	初中	4.048			
	高中	4.714			
	大学	4.762			
启动力量	小学	3.905	3.904	0.012	4>3>2>1
	初中	4.429			
	高中	4.619			
	大学	4.714			
制动力量	小学	3.857	5.354	0.002	4>3>2>1
	初中	4.286			
	高中	4.667			
	大学	4.714			
反应力量	小学	4.286	0.983	0.405	4=3>2>1
	初中	4.476			
	高中	4.667			
	大学	4.667			
爆发力	小学	3.905	4.618	0.005	4>3>2>1
	初中	4.381			
	高中	4.714			
	大学	4.762			
力量耐力	小学	3.619	8.160	0.000	4>3>2>1
	初中	4.286			
	高中	4.571			
	大学	4.714			

指标	学龄段	M	F	Sig	Lsd
变向	小学	4.571	0.614	0.608	4>3>2>1
	初中	4.619			
	高中	4.762			
	大学	4.810			
有氧耐力	小学	3.952	4.880	0.004	4=3>2>1
	初中	4.619			
	高中	4.762			
	大学	4.762			
无氧耐力	小学	3.286	10.684	0.000	4>3>2>1
	初中	3.952			
	高中	4.524			
	大学	4.619			
混氧耐力	小学	3.810	6.266	0.001	4>3>2>1*
	初中	4.429			
	高中	4.667			
	大学	4.810			
开放式灵敏	小学	4.381	0.588	0.625	2>3=4>1
	初中	4.667			
	高中	4.619			
	大学	4.619			
封闭式灵敏	小学	4.429	0.452	0.717	1>2>3>4
	初中	4.333			
	高中	4.238			
	大学	4.143			
视一动协调能力	小学	4.714	0.181	0.909	1>2>3>4
	初中	4.667			
	高中	4.619			
	大学	4.571			

续表

指标	学龄段	M	F	Sig	Lsd	指标	学龄段	M	F	Sig	Lsd
力量耐力						听—动协调能力	小学	4.524			4＞3＞2＞1
							初中	4.571			
							高中	4.576			
							大学	4.667			
						肢体协调能力	小学	4.810	0.494	0.688	1＞2＞3＞4
							初中	4.667			
							高中	4.619			
							大学	4.571			

注：1=小学，2=初中，3=高中，4=大学。M=平均值，F=F 检验统计量，Siy=显著性，Lsd=最小显著差异。

关节活动度和软组织延展性应贯穿整个学龄段，但基于青春期骨骼发育较快、肌肉发育相对较慢导致柔韧性降低的特点[78]，在初中和高中阶段需要着重增加关节活动度和软组织延展性的训练。静态稳定性应该是小学阶段的训练重点[79]，但随着年龄增长和神经系统发育的逐渐成熟，需要逐渐增加动态和反射稳定性训练比例。

最大力量、启动力量、制动力量、爆发力、力量耐力的训练一般在初中阶段或青春期及以后着重开展，到高中、大学阶段不断增加训练比例；而反应力量可在各学龄段采用针对性的方法进行训练。速度素质的加速、减速制动、最大速度与力量素质、能量供应系统、神经系统、运动系统的成熟度和技术标准性等有密切关系，所以加速、减速制动、最大速度训练一般应在青春期及以后或初中阶段加大训练比例，并延续到高中、大学阶段；但启动速度、变向速度或变向能力可在各学龄段采用针对性的方法进行训练。

有氧耐力虽可在各学龄段进行训练，但应在初中阶段或青春期及以后进行针对性训练，并持续增加训练比例；无氧耐力、混氧耐力与心血管系统、呼吸系统、循环系统的成熟度有密切关系，因此应该在初中后半段乃至高中阶段以后进行针对性训练，并逐渐增大训练比例。封闭式灵敏、视—动协调能力、肢体协调能力从小学阶段即为训练重点，而随着年龄增长、专项化训练的开展以及第二信号系统的发展，开放式灵敏、视—动协调能力的训练比例逐渐增加，且开放式灵敏在初中阶段需要重点训练。

本节研究发现，鉴于我国校园足球课余训练内容的现状，结合动作模式的最新研究结果，以身体训练为研究视角，采用综合的研究方法，遵循科学的构建原则和严谨的构建步骤，构建我国校园足球课余训练的内容体系，并筛选不同学龄段身体训练重点内容的意义是重大的。

我国校园足球课余训练的内容体系可包括测试评估、基本功能、身体素质 3 个一级指标，基础身体测评、动作质量测评、运动能力测评、动作准备、恢复再生、灵活性、稳定性、力量素质、速度素质、耐力素质、灵敏素质、协调能力等 12 个二级指标和 35 个三级指标；且根据身体素质发展敏感期、运动员长期发展规划等相关理论和研究成果，小学、初中、高中、大学阶段的学生或运动员的身体素质发展重点不同，其课余训练的重点内容也不同。

后续研究需要对三级指标的下属内容进行具体划分，提高实践操作的指导性，并用教学和训练实践进一步验证所构建内容体系的科学性、针对性、实效性。

第五章

我国校园足球课余训练内容体系的应用设计

运动训练的应用设计是关乎实践教学和训练实践科学性、针对性、功能性的重要问题，是为了实现训练目标而形成相应的训练指南、纲领的过程。鉴于螺旋上升的物质运动规律，形成、保持、消失的竞技状态发展规律，准备期、比赛期、恢复期的参赛周期规律等，科学设计校园足球的课余训练至关重要。同时，良好的设计规划能力也是教师和教练员必备的素养，更是校园足球教学和训练科学性、针对性、实效性的重要保障。本研究主要在参照运动训练与体能训练的基本原理和原则、运动员长期发展规划等文献的基础上进行专家访谈，并结合研究团队的运动训练实践经验等，从训练流程、周期设计、训练负荷设计、训练内容筛选、训练手段筛选等方面阐述我国校园足球课余训练内容的应用设计。

第一节 我国校园足球课余训练的流程

运动训练是系统的过程，运动表现的提高是多因素协同作用的结果，而针对运动训练的实践操作过程来讲，运动训练的流程是保障训练针对性、科学性、实效性的重要措施。当今的训练实践无论从运动训练的宏观方面还是从体能训练或身体训练的微观方面分析，训练的流程主要包括测试评估、目标制订、计划制订、训练实施、效果评价，训练监控贯穿全过程，以发现问题并进行修正，且整个训练流程以运动训练的周期设计为指导（图 5－1），即整个训练过程是以训练周期为宏观指导，以训练监控为过程监督而开展的。

测试评估主要包括基础身体测评、动作质量测评、运动能力测评，其主要内容涉及运动成绩、竞技能力、训练负荷三大内容的测评，其中部分指标可通过训练计划直观反映，而部分指标需要通过测量与评价获得数据后进行分析。测试评估能够发现运动员的优点和缺点，结合运动训练周期设计，制订多年训练、年度训练目标，进而根据多年训练和年度训练目标制订具有变换性、调节性的中周期、小周期的训练目标。测试评估后进行训练计划的制订，主要包括训练周期、训练内容、训练手段、训练负荷等部分。训练计划的制订必须科学、客观，并具有可变性，以保证实践操作的可行性和计划调节的灵活性。训练实施是实践操作的过程，需要围绕科学设计的训练计划开展，在实施过程中及时发现问题并进行反馈，以便及时调整训练计划。效果评价是检验上述过程合理性、科学性的过程，一般通过再次测试评估进行检验。

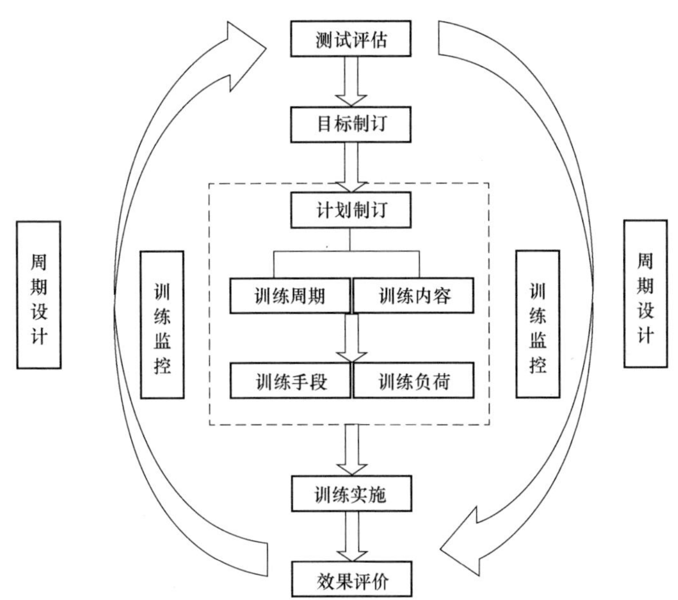

图 5-1　我国校园足球课余训练的流程

第二节　我国校园足球课余训练的周期设计

一、我国校园足球课余训练的多年训练阶段

运动员的全程性多年训练阶段通常包括基础训练阶段、专项提高阶段、最佳竞技阶段以及竞技保持阶段（表 5－1）。

表 5－1　校园足球课余训练的多年训练阶段

<table>
<tr><th rowspan="2">阶段</th><th rowspan="2">主要任务</th><th rowspan="2">年限</th><th colspan="2">训练的重点内容及顺序</th><th rowspan="2">负荷特点</th></tr>
<tr><th>体能主导类项目</th><th>技能主导类项目</th></tr>
<tr><td>基础训练阶段</td><td>发展一般运动能力</td><td>3～5 年</td><td colspan="2">协调能力、基本运动能力，多项基本技术，一般心理品质，基本运动素质</td><td>循序渐进，留有余地</td></tr>
<tr><td>专项提高阶段</td><td>提高专项竞技能力</td><td>4～6 年</td><td rowspan="2">专项运动素质，专项技、战术，专项心理品质，训练理论知识</td><td rowspan="2">专项技、战术，专项运动素质，专项心理品质，训练理论知识</td><td>逐年增加，逼近极限</td></tr>
<tr><td>最佳竞技阶段</td><td>创造专项优异成绩</td><td>4～8 年</td><td>在高水平区间起伏</td></tr>
<tr><td>竞技保持阶段</td><td>保持专项竞技水平</td><td>2～5 年</td><td>心理稳定性，专项运动素质，专项技、战术，训练理论知识</td><td>心理稳定性，专项技、战术，专项运动素质，训练理论知识</td><td>保持强度，明显减量</td></tr>
</table>

注：根据田麦久[80]修改。

多年训练阶段的各个阶段有着不同的训练任务和训练内容，对运动负荷安排提出不同的要求。其中最佳竞技阶段是重要的核心阶段，在这一阶段中，运动员所表现出来的竞技水平的高低可以看作对运动员多年训练成果的主要评价；基础训练阶段和专项提高阶段的安排与要求，要服从最佳竞技阶段训练任务的完成；竞技保持阶段则可视为对最佳竞技阶段尽可能长的延续[80]。

二、我国校园足球课余训练大周期训练计划设计

大周期训练计划是以成功地参加 1～2 次重大比赛为目标而设计的。其时间的确定通常采用体现目标控制思想的“倒数时”充填式方法，以主要比赛日期为标定点，向回程方向依次确定主要比赛阶段和比赛时期，以及完整的训练大周期。其主要遵循确定主要比赛日期、确定主要比赛阶段、确定比赛时期、确定整个训练大周期的步骤进行训练计划设计[80]。

对于校园足球训练来讲，大周期主要分为准备期、比赛期、恢复期，并具体分为一般准备阶段、专项准备阶段、赛前训练阶段、正式比赛阶段和过渡阶段。以半年大周期为例，一般来讲一般准备阶段和专项准备阶段各历时 1～1.5 个月，赛前训练和正式比赛阶段历时 2～2.5 个月，过渡阶段历时 0.5～1 个月（表 5－2）。一般准备阶段主要是速度训练的有氧耐力和无氧耐力阶段、力量训练的解剖学适应阶段、耐力训练的有氧耐力阶段；专项准备阶段主要是速度训练的最大速度、无氧耐力、耐乳酸能力阶段，力量训练的最大力量阶段，耐力训练的有氧耐力和专项耐力阶段；赛前训练和正式比赛阶段主要是速度训练的专项速度、灵敏反应、速度耐力阶段，力量训练的维持最大力量和功率阶段，耐力训练的专项耐力阶段；而过渡阶段主要以恢复性训练、有氧耐力等为主[81-82]。

表 5－2　半年大周期训练计划示例

<table>
<tr><td>周期</td><td colspan="2">准备期</td><td colspan="3">比赛期</td><td>恢复期</td></tr>
<tr><td>时间</td><td>1～1.5 个月</td><td>1～1.5 个月</td><td colspan="3">2～2.5 个月</td><td>0.5～1 个月</td></tr>
<tr><td>阶段</td><td>一般准备阶段</td><td>专项准备阶段</td><td colspan="2">赛前训练阶段</td><td>正式比赛阶段</td><td>过渡阶段</td></tr>
<tr><td>速度训练</td><td>有氧耐力
无氧耐力</td><td>最大速度
无氧耐力
耐乳酸能力</td><td colspan="3">专项速度
灵敏反应
速度耐力</td><td rowspan="2">恢复性
训练</td></tr>
<tr><td>力量训练</td><td>解剖学适应</td><td>最大力量</td><td>最大力量</td><td>转化为
功率</td><td>维持最大力量
和功率</td></tr>
<tr><td>耐力训练</td><td>有氧耐力</td><td>有氧耐力
专项耐力</td><td colspan="3">专项耐力</td><td>有氧耐力</td></tr>
</table>

三、我国校园足球课余训练中周期训练设计

（一）准备期训练设计

（1）准备期的训练目标和任务。

准备期训练主要是为了引起运动员的生理、心理及技术适应并将其作为运动员竞技能力的基础[81]，其中增进健康、提高身体素质、学习或改进基本技术、学习和掌握战术、增强意志品质是准备期的重要目标[80]。准备期是大周期训练计划的重要组成部分，更是比赛取得胜利的基础。准备期一般分为一般准备阶段和专项准备阶段，准备期的两个阶段体现出从一般到专项、从局部到整体的准备过程，其中一般准备阶段以提高一般训练水平、完善技术环节、提高战术能力为主要目的，而专项准备阶段以提高专项训练水平、提高整体技术、提高多人或整体配合水平为主要目的[80-81]。

（2）准备期的训练方法和手段。

一般准备阶段提高身体素质的训练方法以持续法、循环法、间歇法为主，发展技术的训练方法以分解法为主，整体法为辅；训练手段以多样化的一般训练手段为主，辅以部分专项训练手段。专项准备阶段提高身体素质的训练方法以间歇法、重复法为主，发展技术的训练方法以完整法为主，分解法为辅；训练手段以专项训练手段为主，且较为集中[80-81]。

（3）准备期的训练负荷安排。

总体来讲，一般准备阶段为中等运动量、小运动强度，专项准备阶段为大或最大运动量、小或中等运动强度。板块理论的发展和冲击小周期都适用于训练的准备阶段，中周期训练一般遵守循序渐进负荷原则。常用的渐进负荷为4∶1、3∶1和2∶1的负荷模式，即“练四调一”“练三调一”“练二调一”。

在4∶1负荷模式中，四个小周期中训练负荷逐渐增加，在最后一个小周期安排低负荷或恢复练习。这种模式应用在一般准备阶段效果较为

明显，其目的在于使运动员形成生理基础、改正技术习惯、学习新的技战术技能和培养优秀的意志品质。

3∶1 负荷模式也适用于准备期，而且是最常用的负荷计划。该负荷模式包含了三个递增负荷的小周期和一个恢复或低负荷小周期。此外，若在第三个小周期后运动员高度疲劳，第四个小周期的负荷可以进一步降低，甚至可以采用第二个再生小周期，形成 3∶2 的负荷模式。疲劳消除后冲击小周期可应用于专项准备阶段，用于提高竞技能力，但需要注意的是，训练刺激越强，运动员竞技状态的提高及出现超量恢复的时间就越长[81]。因此，根据学生或运动员的竞技能力状况，合理选择 2∶1 的负荷模式（“练二调一”）也是较为合理的。

（二）比赛期训练设计

（1）比赛期的训练目标和任务。

比赛期训练的主要目标是发展专门素质、熟练完整技术、提高战术技巧、稳定竞技状态、创造优异成绩。比赛期主要分为赛前训练阶段和正式比赛阶段两个阶段，其中赛前训练阶段的主要任务是发展专项素质、提升竞技状态、参加热身比赛，正式比赛阶段的任务是稳定竞技状态、参加重要比赛并创造优异成绩[80-81]。

（2）比赛期的训练方法和手段。

赛前训练阶段提高身体素质的训练方法以重复法、间歇法为主，发展技术的训练方法以完整法为主；训练手段以专项相近为主。正式比赛阶段提高身体素质的训练方法以比赛法、重复法为主，发展技术的训练方法以完整法为主；训练手段以比赛为主[80-81]。

（3）比赛期的训练负荷安排。

总体来讲，赛前训练阶段以中等负荷量和中、大负荷强度为主，正式比赛阶段以中、小负荷量和大、最大负荷强度为主。比赛周期的负荷模式有 4∶1 模式、3∶1 模式、2∶1 模式、1∶1 模式、2∶2 模式或者其他结合形式。在设计比赛周期结构时，应该考虑比赛周期中高峰的数量。

比如，在一个大周期中，如果有两个高峰或者重要比赛，应将它们安排在大周期的两端[80-81]。

需要注意的是，比赛期应该包含赛前减量训练阶段。低负荷和赛前减量大周期的主要目的是消除疲劳，产生竞技能力的超量恢复。一般情况下，低负荷和减量大周期的最佳持续时间为 8～14 天，训练量应降低到 40%～60%，训练强度降低到 80%，训练密度保持在 80%左右。降低负荷的方法有 4 种：线性减少法、慢指数减少法、快指数减少法和逐步减少法。减量大周期的类型和持续时间是由减量大周期前几周的训练强度决定的[80-81]。

（三）恢复期训练设计

（1）恢复期的训练目标和任务。

恢复期是大周期的重要组成部分，其任务是使运动员从紧张的训练和比赛后进行阶段性的恢复[79-80]。

（2）恢复期的训练方法和手段。

恢复期主要采用游戏法、持续法、变换法等训练方法，训练手段多样，可通过训练环境、形式等的改变促进运动员恢复和进行相应运动能力的维持与提高[80-81]。

（3）恢复期的训练负荷安排。

一般来讲，恢复期以小、中等训练量和小强度训练为主。恢复期根据训练阶段的安排持续时间不定，但一般 4 周为一周期，第一周训练要求很低，然后逐步增加，到恢复期末训练要求达到正常训练的 80%～85%，以便与下一大周期的准备期对接[80-81]。

四、我国校园足球课余训练小周期训练设计

根据校园足球运动员的能力，一般在小周期（一周内）每个训练任务或内容需要重复 2～3 次，以便获得最大化的训练效果，但小周期大负荷的训练不超过 2 次，并且需要穿插低强度的训练和积极恢复[81-82]。

设计校园足球课余训练的小周期需要考虑以下因素：小周期的目标和主导训练因素、小周期内的训练要求（训练量、训练强度、训练时间、训练课数量、训练的复杂程度等）、小周期内的运动强度和强度范围、每次课的训练手段、训练日和比赛日期的确定、小周期内训练强度的递增方式、小周期内比赛时间（如果小周期内有比赛，应该将最大强度训练安排在比赛前的 3～5 天）等。以下小周期的类型可供参考，但具体采用何种小周期需要根据运动员的能力进行选择[81]（表 5－3 至表 5－10）。

表 5－3　每周三次训练课小周期

训练课时间	周一	周二	周三	周四	周五	周六	周日
上午							
下午	训练		训练		训练		

表 5－4　每周四次训练课小周期

训练课时间	周一	周二	周三	周四	周五	周六	周日
上午							
下午	训练	训练		训练	训练		

表 5－5　每周五次训练课小周期

训练课时间	周一	周二	周三	周四	周五	周六	周日
上午							
下午	训练	训练		训练	训练	训练	

表 5－6　每周八次训练课小周期（1）

训练课时间	周一	周二	周三	周四	周五	周六	周日
上午	训练	训练		训练		训练	
下午	训练	训练		训练		训练	

表 5－7　每周八次训练课小周期（2）

训练课时间	周一	周二	周三	周四	周五	周六	周日
上午						训练	训练
下午	训练	训练	训练	训练	训练	训练	

表 5－8　3+1 结构训练小周期

训练课时间	周一	周二	周三	周四	周五	周六	周日
上午	训练	训练	训练	训练	训练	训练	
下午	训练		训练		训练		

表 5－9　5+1 结构训练小周期

训练课时间	周一	周二	周三	周四	周五	周六	周日
上午	训练	训练	训练	训练	训练	训练	
下午	训练	训练		训练	训练		

表 5－10　5+1+1 结构训练小周期

训练课时间	周一	周二	周三	周四	周五	周六	周日
上午	训练	训练	训练	训练	训练	训练	训练
下午	训练	训练		训练	训练		

第三节　我国校园足球课余训练负荷类型

一、标准负荷

标准负荷指在整个训练准备期采用相似的训练负荷和训练密度[81]。标准负荷主要适用于大周期内的准备期，一般不用于大周期内的比赛期。

如果在比赛期使用标准负荷，虽然通过赛前减量等调整手段可以改变训练负荷，但由于运动员所受的训练刺激仍然非常相似，会导致运动员在比赛期出现运动成绩的平台现象（高原现象），也容易出现运动员疲劳程度增加、恢复速度减慢等问题；并且在准备期使用标准负荷，成绩的提高也仅出现在准备期的开始部分[80-81]。

二、线性递增负荷

线性递增负荷是较为常见的一种负荷形式，从理论上来说线性递增负荷是一条随着时间推移而不断增长的负荷曲线。根据刺激—适应理论，负荷量应逐渐增加并高于运动员通常所承受的负荷量，这样才能够有效提高运动员的运动成绩，因此从校园足球运动员职业生涯来讲，若要取得优异运动成绩，运动员必须经历线性递增负荷的训练。但需要注意的是，由于线性递增负荷需要充足的恢复时间，才能够使身体达到最大化的适应性反应，所以线性递增负荷一般在短期或特殊时期使用，长时间采用线性递增负荷可能会导致过度疲劳、过度训练以及运动损伤[80-81]。

三、阶梯负荷

阶梯负荷采用累进负荷，中间穿插低负荷周期，阶梯负荷的形式是训练负荷波浪式增加，常被看作传统的周期模式[81]。阶梯负荷主要采用累进负荷使运动员机体产生训练反应，然后采用无负荷或保持负荷进行低负荷调整，以促进恢复再生、生理和心理适应。阶梯负荷较为常规的形式为在一个小周期中设计具有相同性质的训练内容（多次训练课采用相同负荷），然后在后面的小周期中增加训练负荷。阶梯负荷主要有 3∶1 负荷模式、4∶2 负荷模式、2∶1 负荷模式，即通过前几个周期增加训练负荷，然后在后面的一周或两周内减少训练负荷[80-81]。

四、集中负荷

集中负荷是短期超负荷训练的形式之一。集中负荷训练后，采用适宜的恢复性负荷，通常可以在短期内恢复。一般情况下，集中负荷阶段负荷量越大或持续时间越长，用于恢复和提高成绩的时间就会越长，部分专家认为在停止集中负荷阶段后的4～12周，成绩可能会提高[80-81]。

五、共轭序列负荷

共轭序列负荷也叫耦合连续体系[81]。共轭序列负荷是先进行一段时期的集中负荷或过量训练，然后进行一段时期的恢复。共轭序列负荷最为常用的是四个小周期板块，其中只突出一个重点，其他周期的重点是维持负荷。共轭序列负荷会引起超量恢复的产生，从而使运动成绩显著提高。与传统负荷相比，共轭序列负荷能给运动员传递有效刺激，有效提高运动成绩，并减轻疲劳累积。但是共轭序列负荷通常只适用于高水平运动员[80-81]。

六、平台式负荷

平台式负荷指把相似负荷的小周期结合在一起，密集的相似负荷训练后紧跟恢复小周期训练。在平台式负荷中，经过前三个小周期的大运动量和高强度训练，运动员在第四个小周期进行低负荷训练。平台式负荷会使运动员产生很强的生理适应，但需要注意的是，只有受训多年且已经形成了一定生理基础的高水平运动员，才可以承受平台式负荷的大负荷量和高强度训练。因此，平台式负荷一般用于专项准备阶段，且只适用于经验丰富的高水平运动员[80-81]。

第四节 我国校园足球身体训练计划的理论设计

训练计划是运动训练实施的主要依据，是保证运动训练效果的重要环节。为便于教师和教练员设计校园足球课余训练，本研究主要探讨和分析力量素质、速度素质、灵敏素质、耐力素质、灵活性、平衡稳定性、协调能力训练计划的理论设计。

一、力量素质训练计划设计

科学的设计是肌肉力量训练的基础。力量训练的科学设计一般有需求分析、动作选择、训练频率、练习顺序、训练负荷及重复次数、训练量、间歇时间 7 个步骤[83]。

（1）需求分析：力量训练的需求分析主要涉及运动项目评估和运动员评估两个部分。其中，运动项目评估主要包括动作模式、关节角度、参与的肌肉群等运动分析，力量、爆发力、肌肉体积、肌肉耐力等生理学分析，常见的关节和肌肉损伤部位等损伤分析。运动员评估主要包括训练历史、技战术经验、运动成绩、损伤历史、身体测试和评价、抗阻训练主要目标等。

（2）动作选择：力量训练的动作选择主要根据肌肉相对体积、训练设备类型、运动项目分析、运动技能等因素进行确定。训练动作主要包括涉及大肌群和多关节的核心训练动作与小肌群、单关节的辅助训练动作，脊柱直接负重（如深蹲）或间接负重（如高翻）的结构性练习和爆发力练习，涉及特定肌群、动作幅度、肢体运动轨迹的专项性练习，主动肌、拮抗肌等相关肌群的平衡对称性练习。

（3）训练频率：力量训练的频率要根据运动员状态、训练周期安排等综合确定。其中低水平者训练 2～3 次/周、中等水平者训练 3～4 次/周、高水平者训练 4 次以上/周；非赛季训练 4～6 次/周、赛前训练 3～4 次/周、赛季训练 1～2 次/周、赛后训练 1～3 次/周（表 5－11）。

表 5－11　力量训练周计划示例

时间	周一	周二	周三	周四	周五
主要练习	上肢推	下肢推	休息	下肢拉	上肢拉
次要练习	下肢拉	上肢拉		上肢推	下肢推

（4）练习顺序：一般来讲，力量训练课按照以下顺序进行：先爆发力练习，再其他核心练习，然后辅助练习；先多关节练习后单关节练习；先大肌群练习后小肌群练习；上身和下肢练习（交替进行）；“推”和“拉”练习（交替进行）。力量训练动作的先后顺序可采用超级组、组合组的模式开展。

（5）训练负荷及重复次数：训练负荷的安排可根据举起重物的次数确定，它与练习顺序、训练频率、间歇时间等训练变量有密切关系。其中低水平者适用小负荷（因为要进行动作学习和调整），高水平者需要使用大负荷以达到渐进性超负荷。而练习次数的安排要注意与训练负荷的变化成反比、与练习的目的变化成正比、与间隙时间的变化成正比（表 5－12）。

表 5－12　1RM 百分比与重复次数之间的关系

1RM/%	估计的重复次数	1RM/%	估计的重复次数
100	1	80	8
95	2	77	9
93	3	75	10
90	4	70	11
87	5	67	12
85	6	65	15
83	7	—	—

注：RM 指的是每组重量的极限次数。

（6）训练量：训练量可以通过每次的负荷×重复次数×训练组数进行计算。

（7）间歇时间：间歇时间由力量、爆发力、肌肉体积、肌肉耐力等不同的训练目标决定，与训练负荷负相关，并受运动员训练状态和运动项目特点的影响。一般来讲，最大力量训练采用≥85%1RM，每组 1～6 次，2～6 组，间歇 2～5 分钟；爆发力训练采用 75%～90%1RM，每组 1～5 次，3～4 组，间歇 2～5 分钟；增肌训练采用 67%～85%1RM，每组 6～12 次，3～6 组，间歇 30～90 秒；肌肉耐力训练采用≤67%1RM，每组≥12 次，2～3 组，间歇≤30 秒。

二、速度素质训练计划设计

（1）需求分析：校园足球的速度素质主要表现为反应速度、动作速度、移动速度；速度素质以直线速度与多方向速度相结合，且急起、冲刺、调整、急停、变向等形式居多，其中启动、加速能力更为重要，最大速度次之。

（2）动作选择：校园足球速度训练以多方向速度为主，以直线速度为辅，因此专项动作涉及活塞步、折叠步、后退步、滑步、切步、交叉步、开放步、后撤步等步伐。

（3）训练频率：速度训练一般一周安排 3 次左右，48～72 小时休息，其他训练日辅以其他内容的训练，如休息日可进行力量训练或低强度技术训练，强调中枢神经系统的低压力。

（4）练习顺序：一般来讲，宏观阶段先进行技术训练，技术掌握娴熟后开展阻力和助力的速度训练，然后进行灵活性、力量和耐力训练，以进一步提高速度能力。训练课先进行启动速度训练，然后进行加速度训练，最后开展最大速度训练；也可以根据训练目标增加或减少启动速度训练、加速度训练、最大速度训练的内容。

（5）训练量：训练量可以通过每次跑动距离×重复次数×训练组数进

行计算，一般一周 1000～2000m 合适。

三、灵敏素质训练计划设计

（1）需求分析：灵敏是指突然变换条件的情况下，运动员改变身体空间位置与运动方向的技术和能力，主要包括封闭式灵敏训练（动作灵敏）和开放式灵敏训练（反应灵敏）[84]。其中，封闭式灵敏训练指预先设计好计划，在可预知及稳定环境中训练；开放式灵敏训练指无预先设计好的计划，在不可预知及变化环境中训练。因足球项目需要准确预判对手意图，所以灵敏素质训练以封闭式灵敏训练为基础，以开放式灵敏训练为突破。

（2）动作选择：校园足球灵敏训练的动作选择可以参照速度训练计划设计中的动作和步伐。

（3）练习顺序：一堂训练课的训练由简单动作过渡到复杂动作。青春期之前阶段灵敏训练注重协调性和动作模式优化，可包括视—动、听—动的反应灵敏训练和强调协调能力、一维频率的动作灵敏训练。青春期阶段灵敏训练可包括视—动、听—动、决策能力的反应灵敏训练和强调技术、由线到面、二维速度的动作灵敏训练。青春期后阶段灵敏训练可包括三维空间、信息收集、预判的反应灵敏训练和强调技术、三维速度、力量的动作灵敏训练[85]。

校园足球灵敏训练的频率一般每周 2～3 次，一堂课的净训练时间一般为 2～4 分钟，训练组数一般为 5～25 组，组间休息一般为 1∶6～1∶4，但随着训练强度和训练量的增加，组间休息需要延长（表 5－13）。

表 5－13　灵敏素质训练计划设计建议

等级	单次课训练时间	组间休息	组数	频率/周
初学者	2 分钟	1∶6～1∶4	5～10 组	2～3 次
中等水平	3 分钟	1∶6～1∶4	5～25 组	2～3 次
专业运动员	4 分钟	1∶6～1∶4	5～25 组	2～3 次

四、耐力素质训练计划设计

（1）需求分析：校园足球的耐力素质以有氧耐力为基础，以无氧耐力和混氧耐力为突破。

（2）动作选择：耐力训练的动作选择是指运动员耐力训练中所进行的专项活动，如骑自行车、跑、游泳等。为遵循负荷专项特异性原则，以形成身体特定生理系统的积极适应，校园足球的耐力训练在训练动作方面应该尽量选择接近校园足球的动作模式[86]。前期研究表明，校园足球的专项动作模式主要包括走、跑、跳、掷、踢、爬、滚、接、扑、托、抛 11 个动作或动作组合，因此校园足球的耐力训练方案可依据上述动作模式，采用适当的训练方法和手段进行耐力训练。

（3）训练频率：一般来讲，训练频率与训练强度、时间呈反比，即单次训练强度越大、训练时间越长，需要恢复的时间越长，训练频率越小；同时，训练频率也受到训练周期安排的影响[81-82]。校园足球运动员一周可进行 5～7 天的耐力训练，但要根据训练周期安排、训练目标重点、运动员身心状况等进行适当调整。

（4）训练强度：通过测试和监控最大摄氧量能精确地控制耐力训练的强度，但在基层训练中，由于条件限制，常采用最大摄氧量和心率的关系确定耐力训练的强度。一般来讲，可将校园足球耐力训练的强度划分为最大脂肪氧化强度、无氧阈强度、最大摄氧量强度，分别对应最大心率的 60%～70%、80%～90%、95%～100%（表 5－14）。

表 5－14　最大摄氧量、心率储备和最大心率之间的关系

（单位：%）

VO_{2max}	HRR	MHR
50	50	66
55	55	70
60	60	74

续表

VO_{2max}	HRR	MHR
65	65	77
70	70	81
75	75	85
80	80	88
85	85	92
90	90	96
95	95	98
100	100	100

注：VO_{2max} 为最大摄氧量，HRR 为心率储备，MHR 为最大心率。

五、灵活性训练计划设计

灵活性包括关节活动度和肌肉延展性，其中关节活动度指由关节的结构所体现出的活动范围，肌肉延展性（柔韧性）指与关节连接的肌肉、筋膜、韧带等组织的活动范围。运动过程中，良好的柔韧性和活动度对运动员的肌肉及关节的功能具有良好的促进作用，有利于运动员增大动作幅度、实现肌力的最大化。反之，柔韧性和活动度差会影响运动技能的掌握，限制力量、速度、协调等素质的发展。校园足球尤其注重肩部、髋部等部位的活动度和涉及肌群的柔韧性。

灵活性的训练是综合的过程，需要多种手段的使用。其中软组织梳理、扳机点放松、动态拉伸、静态拉伸、本体感受神经肌肉促进法（PNF 拉伸）、主动分离式拉伸（AIS 拉伸）、关节松动术、呼吸放松等方式的综合使用是目前较为流行的方法。但目前对上述方式使用的逻辑顺序、时间要求等还没有达成共识，但关节、肌肉、神经等多方式的干预提高灵活性的效果是显著的。现主要对软组织梳理、扳机点放松方案及拉伸训练方案进行阐述（表 5–15、表 5–16）。

表 5－15　软组织梳理和扳机点放松方案

放松方式	运动阶段	干预时间	运动阶段	干预时间	频率
软组织梳理	准备活动	30～40 秒	放松活动	60 秒左右	2～3 次/每天或单独训练课
扳机点放松	准备活动	30～40 秒	放松活动	60 秒左右	2～3 次/每天或单独训练课

表 5－16　拉伸训练方案

拉伸方式	应用时机	单个拉伸 动作持续时间	拉伸次数	频率
静态拉伸	运动后	10～60 秒	2～3 次	1～2 次/5～6 天
动态拉伸	运动前、中	1～2 秒	4～6 次/2～3 组	1～2 次/5～6 天
PNF 拉伸	运动后	10 秒—6 秒—30 秒	—	1～2 次/5～6 天
AIS 拉伸	运动中、后	1.5～2 秒	一侧 8～10 次	1～2 次/5～6 天

六、平衡稳定性训练计划设计

平衡性指重量均匀分布在垂直轴的每一侧产生的稳定状态，稳定性是稳固的质量、状态或程度。运动训练实践中，一般将平衡性和稳定性糅合在一起进行训练，主要分为静态平衡稳定、动态平衡稳定、反应平衡稳定。其中，静态平衡稳定指身体不动时，维持身体处于某种姿势的能力，如坐立、双脚站立、单脚站立、平衡木等；动态平衡稳定指运动过程中，调整和控制身体姿势稳定的能力，如坐下、站起、行走、在不稳定器械上进行训练等，反映人体随意动作的能力；反应平衡稳定指身体受到外力干扰，破坏平衡状态时，做出保护性调整反应以维持或建立新的平衡的能力，如保护性伸展、保护性迈步等。校园足球的平衡稳定以静态平衡稳定为基础、以动态和反应平衡稳定为突破（图 5－2）。

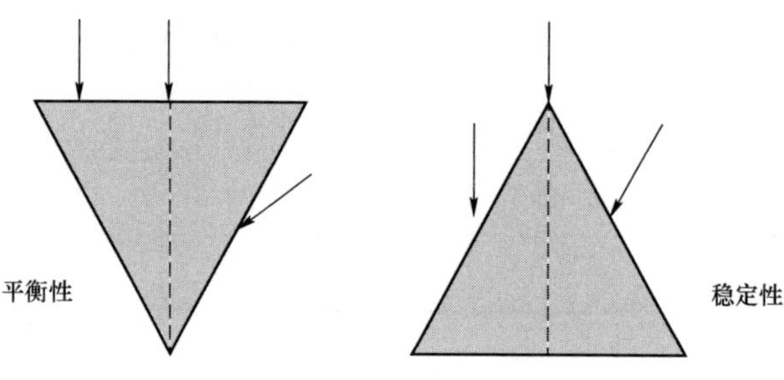

图 5－2　平衡性和稳定性示意图

需要注意的是，平衡稳定性不能单独训练，需要与力量、速度、灵敏协调、核心区、有氧等结合在一起训练。一般来讲，静态和动态平衡稳定训练，建议一周进行 2～3 次，进行 6～12 周的时间；反射平衡稳定训练，建议一周进行 1～3 次，进行 5～10 周。基础阶段重复动作 12～20 次（或每侧 6～10 次），1～3 组，间歇 90 秒；提高阶段和实现阶段重复动作 8～12 次，2～3 组，间歇 60 秒（表 5－17）。

表 5－17　平衡稳定性训练计划设计要素

设计要求	变化要素
安全性：以安全为首要训练原则。 渐进性：由易到难、由简单到复杂、由已知到未知、由稳定到不稳定、由静态到动态、由慢速到快速、由两侧到单侧、由睁眼到闭眼。 系统性：体现训练周期的系统性。 刺激性（本体感觉刺激）：器材的稳定性、动作的变化性	动作平面：冠状面、矢状面、水平面。 动作范围：全范围、局部范围。 感觉信息：视觉、听觉、本体感觉、知觉。 抗阻类型：自身体重、抗阻负重。 肢体参与：双侧、单侧。 支撑盘面：稳定、非稳定。 动作速度、动作时间、训练频率、反馈形式和数量等

七、协调能力训练计划设计

协调能力是指人体运动时机体各器官系统、各运动部位配合一致，合理有效地完成特定技术动作的能力，是在技术动作行为发生过程中神经、肌肉、感知觉三大系统之间合理配合、快速一致地完成动作的结果[87-88]。协调能力是神经控制能力、节奏变化能力、动作衔接能力、空间定向能力、身体平衡能力、视听分辨能力、应变反应能力以及本体感知能力等多种能力的综合，其本质是对各种能力的协同整合与肌力的叠加传递，并在此基础上增加运动的速度和肢体鞭打的力度。本研究认为，校园足球运动的协调能力主要表现为视—动协调能力、听—动协调能力、肢体协调能力，可采用不同信号刺激、器材设施进行针对性训练。

发展一般协调能力较适宜的年龄为 6～10 岁，发展专门协调能力较适宜的年龄为 10～14 岁。另外，6～12 岁为发展节奏感的敏感期，7～14 岁为发展灵活性、反应及空间定向能力的敏感期，9～13 岁为发展平衡与准确能力的敏感期。可以说，11～13.6 岁是青少年协调能力发展的关键期[74]。但协调能力的训练需要与其他身体素质训练结合起来，如将协调能力训练和启动速度、减速制动、封闭式灵敏、开放式灵敏等训练结合在一起，因此协调能力的训练设计需与其他相关素质的训练设计兼容。

第五节　我国校园足球课余训练内容筛选

训练内容是运动训练开展的主要依据，然而校园足球课余训练涉及学龄段较广，按照运动员长期发展规划、儿童青少年身体素质发展敏感期等基本原理和规律，且通过内容体系的分解可知，不同学龄段的校园足球的课余训练内容存在差异。为明晰不同学龄段校园足球的课余训练内容，本研究进行了专家问卷调查。然而由于动作准备、恢复再生、测试评估是运动训练的常规内容，且不同学龄段的变异性不大，故而未对上述指标进行学龄段筛选。同时，结合校园足球运动训练的实际，专家调查过程中增加了神经肌肉适应以及肌肉力量的相关内容，且为了调查的便宜性和运动训练指导的操作性，将速度分为直线速度（启动、加速、最大速度、后退）和多方向速度（启动、加速、制动、变向）。而大学阶段学生和高中阶段学生由于身体发展内容等方面存在较大的一致性，为避免研究的重复性和节省研究资源，本研究仅对小学阶段、初中阶段、高中阶段的不同课余训练内容进行了筛选。

一、小学阶段校园足球课余训练的内容筛选

（一）小学一年级校园足球课余训练的内容筛选

通过对小学一年级校园足球课余训练的内容进行调查可知，对于小学一年级学生，其协调能力训练的比例最高，占到100%；软组织延展性训练与静态平衡训练的比例也很高，两者均占到了 87.5%；直线速度训练、开放式灵敏训练、关节活动度训练、动态平衡训练及反射平衡训练所占的比例也相对较高，均为75%。除此之外，爆发力训练、力量耐力训练及其他训练所占的比例则较少，均为 12.5%；而最大力量训练、增肌力量训练及无氧耐力训练所占的比例最低，在小学校园足球训练中，未选择这三项训练内容。以上数据可以说明，协调能力训练、软组织延展性训练及静态平衡训练是小学一年级校园足球课余训练中最重要的训练内容[89]（图 5–3）。

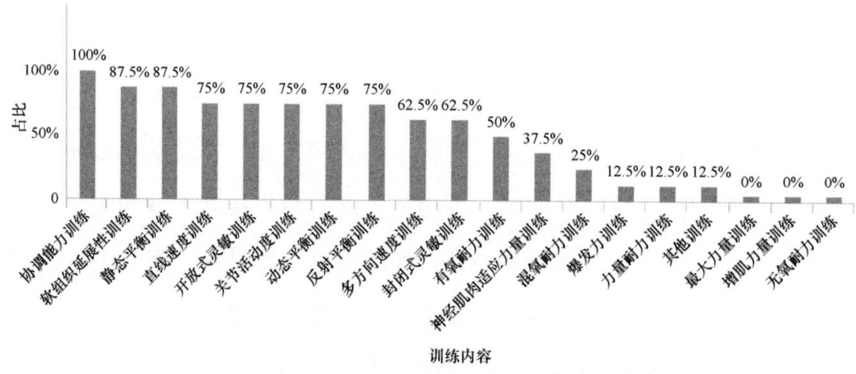

图 5–3　小学一年级校园足球课余训练的内容筛选

（二）小学二年级校园足球课余训练的内容筛选

通过对小学二年级校园足球课余训练的内容进行筛选可知，关节活

动度训练和协调能力训练所占的比例最大，均为87.5%；直线速度训练、开放式灵敏训练、封闭式灵敏训练以及静态平衡训练所占的比例也很大，均为75%；软组织延展性训练、动态平衡训练和反射平衡训练所占的比例较一年级有所降低，均为62.5%；而神经肌肉适应力量训练、增肌力量训练、爆发力训练、最大力量训练、力量耐力训练、无氧耐力训练以及其他训练所占的比例则较低，均在30%以下。以上数据表明，关节活动度训练以及协调能力训练是小学二年级校园足球课余训练的主要内容[89]（图5–4）。

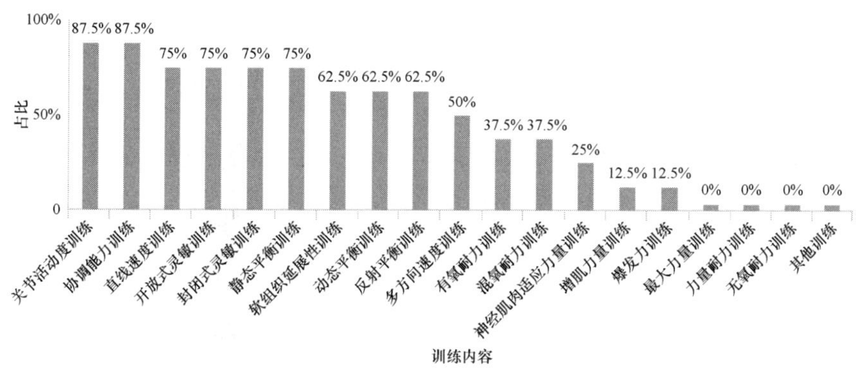

图5–4 小学二年级校园足球课余训练的内容筛选

（三）小学三年级校园足球课余训练的内容筛选

在小学三年级校园足球课余训练的内容中，协调能力训练、直线速度训练、动态平衡训练和静态平衡训练所占的比例最高，均超过了80%；多方向速度训练、开放式灵敏训练、封闭式灵敏训练、关节活动度训练、软组织延展性训练以及反射平衡训练所占的比例也很高，均为75%；而有氧耐力训练、神经肌肉适应力量训练、混氧耐力训练、爆发力训练、最大力量训练、增肌力量训练、力量耐力训练、其他训练以及无氧耐力训练所占的比例均未超过50%。可见，随着年龄的逐渐增长，小学校园足球课余训练的内容也随之改变[89]（图5–5）。

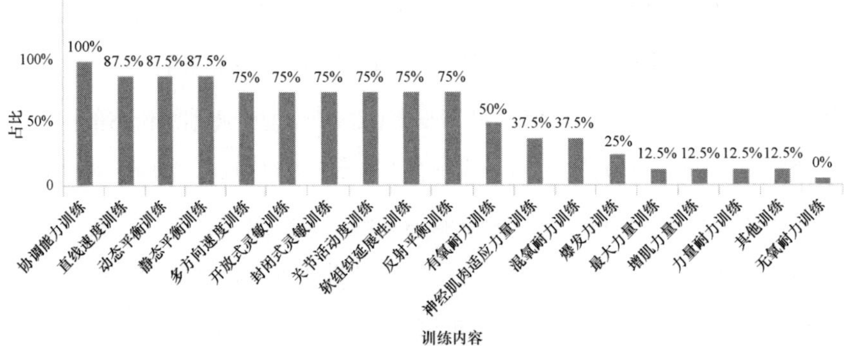

图 5-5　小学三年级校园足球课余训练的内容筛选

（四）小学四年级校园足球课余训练的内容筛选

在小学四年级校园足球课余训练的内容中，直线速度训练、多方向速度训练、软组织延展性训练、动态平衡训练、静态平衡训练和协调能力训练所占的比例均达到了 100%。除此之外，小学四年级校园足球课余训练内容中所占比例在 60%以上的训练内容比小学三年级多了两项，说明随着学生年级的升高，校园足球课余训练的内容也随之增加[89]（图 5-6）。

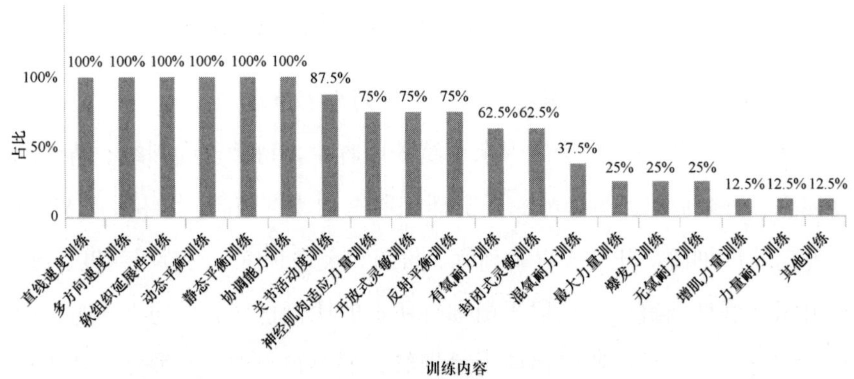

图 5-6　小学四年级校园足球课余训练的内容筛选

（五）小学五年级校园足球课余训练的内容筛选

在小学五年级校园足球课余训练的内容中，直线速度训练、多方向速度训练、软组织延展性训练、动态平衡训练、静态平衡训练和协调能力训练这六项训练内容所占的比例与小学四年级相比未发生变化，均为100%，说明这六项训练内容已成为小学四年级、五年级校园足球课余训练时100%选择的训练内容。关节活动度训练与开放式灵敏训练所占的比例未发生变化，分别为87.5%、75%；反射平衡训练也占到了87.5%，封闭式灵敏训练占 75%，神经肌肉适应力量训练与有氧耐力训练均占 62.5%，力量耐力训练、混氧耐力训练、最大力量训练、爆发力训练、无氧耐力训练、增肌力量训练和其他训练所占的比例均在40%以下[89]（图5–7）。

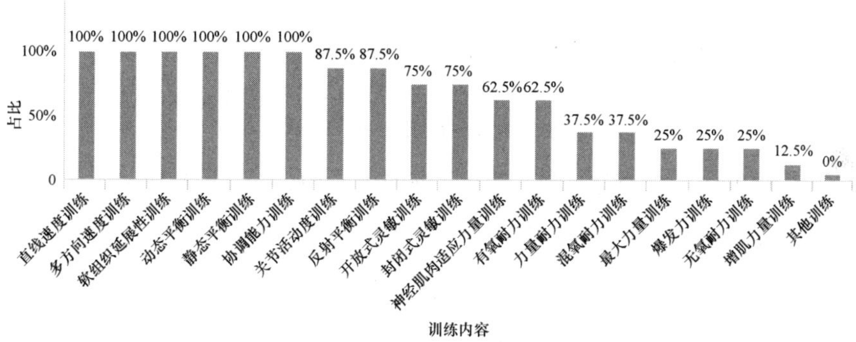

图5–7　小学五年级校园足球课余训练的内容筛选

（六）小学六年级校园足球课余训练的内容筛选

在小学六年级校园足球课余训练的内容中，100%选择的训练内容有直线速度训练、多方向速度训练、软组织延展性训练、动态平衡训练、静态平衡训练以及协调能力训练。除此之外，开放式灵敏训练、反射平衡训练、有氧耐力训练、封闭式灵敏训练、关节活动度训练和神经肌肉适应力量训练所占的比例在60%～90%范围内，其他的训练内容占比较低，均在40%以下。通过数据可以发现，年级不同，相应的训练内容所占的比例也会随之改变，因此，在进行小学校园足球课余训练时，应根据不同年级的训练对象选择不同的训练内容[89]（图5–8）。

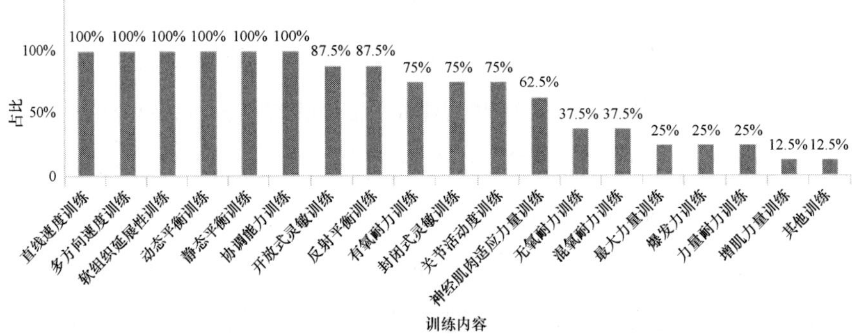

图 5-8　小学六年级校园足球课余训练的内容筛选

二、初中阶段校园足球课余训练的内容筛选

（一）初中一年级校园足球课余训练的内容筛选

在初中一年级校园足球课余训练的内容中，87.5%选择的训练内容有直线速度训练、多方向速度训练、有氧耐力训练、开放式灵敏训练、软组织延展性训练、动态平衡训练、静态平衡训练、反射平衡训练以及协调能力训练。除此之外，封闭式灵敏训练、关节活动度训练占比为 75%，神经肌肉适应力量训练占比为 62.5%，力量耐力训练和无氧耐力训练占比为 50%，最大力量训练、混氧耐力训练、增肌力量训练、爆发力训练、其他训练占比均在 40%以下。可见，初中一年级与小学阶段相比，力量方面的训练所占的比例开始增加（图 5-9）。

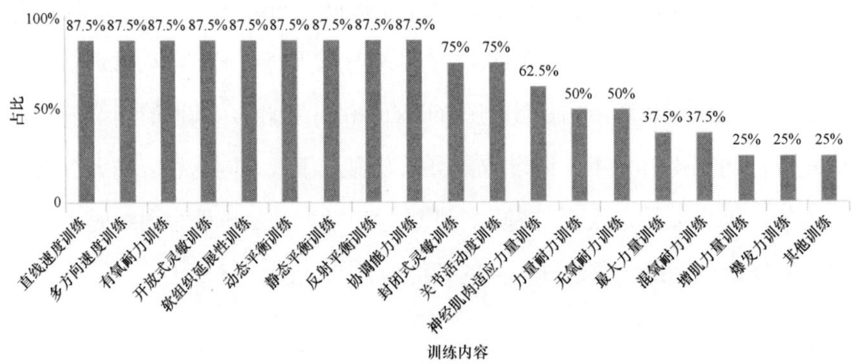

图 5-9　初中一年级校园足球课余训练的内容筛选

（二）初中二年级校园足球课余训练的内容筛选

在初中二年级校园足球课余训练的内容中，直线速度训练、多方向速度训练、有氧耐力训练、开放式灵敏训练、软组织延展性训练、动态平衡训练、静态平衡训练、反射平衡训练以及协调能力训练占比为87.5%。除此之外，封闭式灵敏训练、关节活动度训练占比为 75%，神经肌肉适应力量训练、力量耐力训练占比为 62.5%，最大力量训练、爆发力训练、无氧耐力训练、混氧耐力训练占比为 37.5%，增肌力量训练占比为 25%，其他训练占比为 12.5%。可见，从初中二年级开始，力量方面的训练所占比例逐渐增加（图 5－10）。

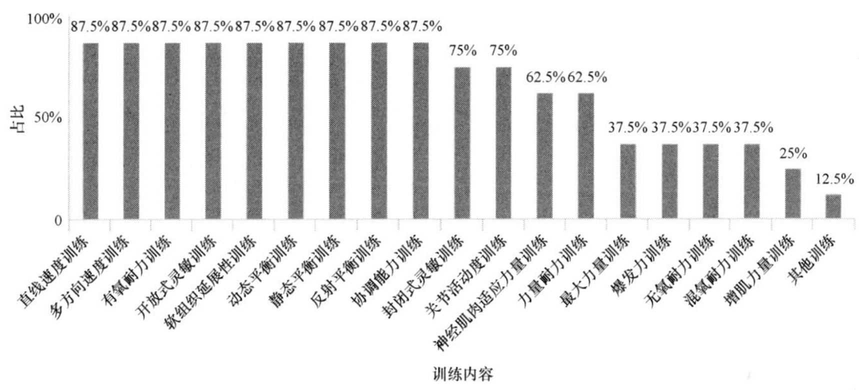

图 5－10　初中二年级校园足球课余训练的内容筛选

（三）初中三年级校园足球课余训练的内容筛选

在初中三年级校园足球课余训练的内容中，87.5%选择的训练内容有直线速度训练、多方向速度训练、力量耐力训练、有氧耐力训练、关节活动度训练、反射平衡训练、协调能力训练，软组织延展性训练、动态平衡训练、静态平衡训练占比为75%，神经肌肉适应力量训练、爆发力训练、开放式灵敏训练、封闭式灵敏训练占比为 62.5%，无氧耐力训练占比为50%，最大力量训练、增肌力量训练、混氧耐力训练占比为 37.5%，其他训练占比为 25%。通过数据可知，随着年龄的增加，速度力量训练进一步增加（图 5－11）。

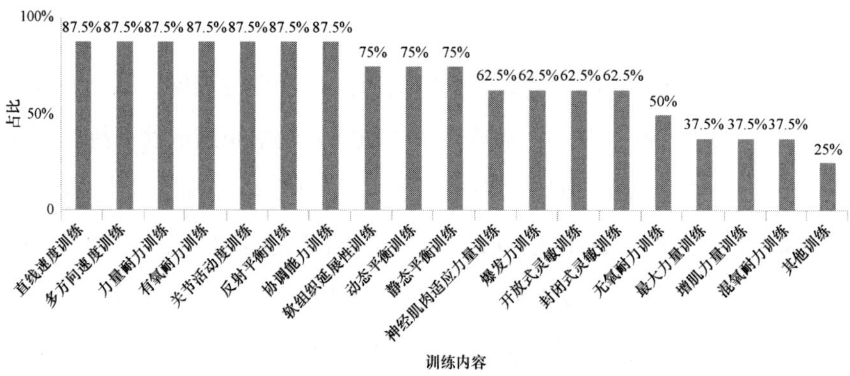

图 5-11　初中三年级校园足球课余训练的内容筛选

三、高中阶段校园足球课余训练的内容筛选

（一）高中一年级校园足球课余训练的内容筛选

在高中一年级校园足球课余训练的内容中，神经肌肉适应力量训练、爆发力训练、有氧耐力训练、无氧耐力训练占比为100%，直线速度训练、多方向速度训练、增肌力量训练、开放式灵敏训练、关节活动度训练、动态平衡训练、反射平衡训练、协调能力训练占比为87.5%，混氧耐力训练、封闭式灵敏训练、软组织延展性训练、静态平衡训练占比为75%，力量耐力训练占比为62.5%，最大力量训练占比为50%，其他训练占比为12.5%。其中有氧耐力、无氧耐力训练的100%选择说明高中一年级学生已经具备进行身体极限训练的基础（图 5-12）。

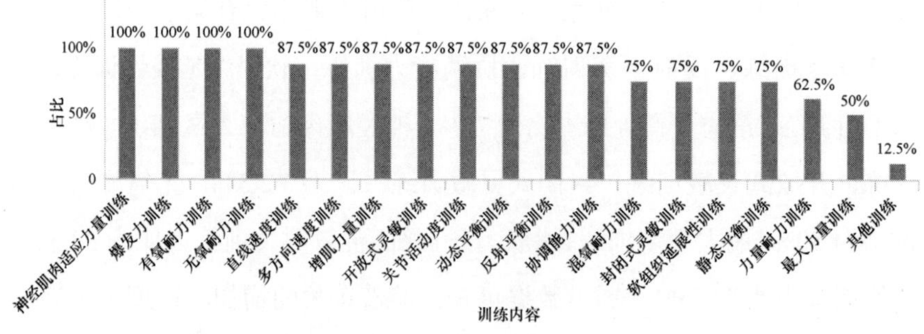

图 5-12　高中一年级校园足球课余训练的内容筛选

（二）高中二年级校园足球课余训练的内容筛选

在高中二年级校园足球课余训练的内容中，爆发力训练、无氧耐力训练占比为100%，多方向速度训练、神经肌肉适应力量训练、增肌力量训练、有氧耐力训练、混氧耐力训练、开放式灵敏训练、关节活动度训练、软组织延展性训练、动态平衡训练、静态平衡训练、反射平衡训练以及协调能力训练占比为87.5%。除此之外，直线速度训练、最大力量训练、封闭式灵敏训练占比为75%，力量耐力训练占比为62.5%，其他训练占比为12.5%。通过数据可知，高中二年级训练方法趋于平衡，说明高中二年级学生身体发育基本成熟，可训练内容也趋于均衡（图5－13）。

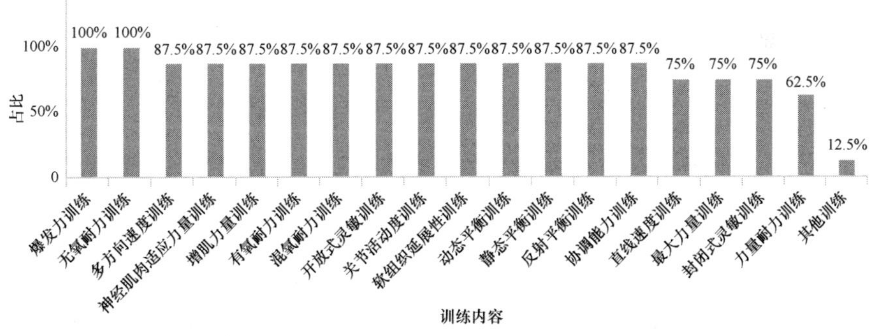

图5－13　高中二年级校园足球课余训练的内容筛选

（三）高中三年级校园足球课余训练的内容筛选

在高中三年级校园足球课余训练的内容中，神经肌肉适应力量训练、爆发力训练、无氧耐力训练占比为 100%，多方向速度训练、有氧耐力训练、混氧耐力训练、开放式灵敏训练、关节活动度训练、反射平衡训练、协调能力训练占比为 87.5%，直线速度训练、最大力量训练、增肌力量训练、力量耐力训练、封闭式灵敏训练、软组织延展性训练、动态平衡训练、静态平衡训练占比为 75%，其他训练占比为 12.5%。高中三年级学生身体发育已经基本完成，相比较其他年级，其训练方法更加全面，能综合使用力量、耐力、速度等训练方法（图 5－14）。

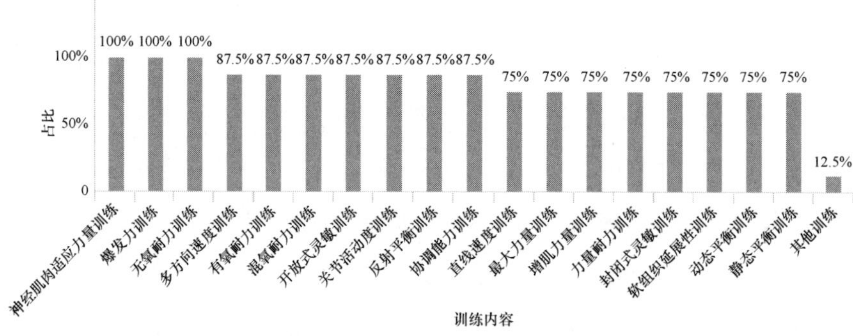

图 5-14　高中三年级校园足球课余训练的内容筛选

第六节　我国校园足球课余训练手段筛选

一、测试与评估手段筛选

运动能力测试与评估是体能训练的重要组成部分，对提高体能训练实施的科学性、针对性、实效性具有重要作用。运动能力测试与评估的相关知识、方法等是体能教练员职业素养的重要组成部分，更是衡量体能教练员胜任力的重要指标。基础身体测评主要包括身高、体重、维度等解剖学测量和血压、脉搏等生理学测量，较为常见且易于操作，本研究不再详述，而重点阐述动作质量测评和运动能力测试。

（一）动作质量测评

1. 功能动作测试

功能动作测试简介：功能动作筛查（FMS）是一种分级和排序的工具（过滤器），测试目的是发现哪些动作方式有问题，揭示基本动作模式的功能不良、疼痛或两者兼有等问题，是观察、评价某一动作，而不是诊断和测量孤立的关节动作。根据 FMS 测试结果可以制定方案，以改善薄弱环节，进而提高动作质量、动作效率、运动成绩。FMS 由格雷·库克（Gray Cook）与李·巴顿（Lee Burton）在 1995 年提出，目前在运动训练、运动康复、大众健身等领域得到广泛应用。FMS 是一种简单的、量化的基础运动能力评价方法，测试内容包括深蹲（deep squat）、跨栏步（hurdle step）、前后分腿蹲（inline lunge）、肩部灵活性（shoulder mobility）、主动直膝抬腿（active straight－leg raise）、躯干稳定性俯卧撑（trunk stability push-up）和转动稳定性（rotary stability）7 个基本动作模式。在完成这 7 个基本动作时需要受试者在灵活性与稳定性之间达到平衡。通过这 7 个基本动作的测试，可以观测受试者动作的基本运动、控制、稳定等方面的表现[23]。

功能动作测试器材和注意事项：可购买 FMS 测试套装或自制测试工具，但要符合以下要求：一根 4 尺（约 1.3m）长杆、两根短杆、一块 2 英尺×6 英尺（0.6m×1.8m）测试板、一根弹力绳。FMS 评分分为四个等级，从 0 分到 3 分，3 分为最高分，其中：0 分，测试中任何部位出现疼痛；1 分，受试者无法完成整个动作或无法保持起始姿态；2 分，受试者能够完成整个动作，但完成的质量不高；3 分，受试者能高质量地完成动作。如果是左、右两侧分开测试，则较低一侧的得分为最终得分；肩部灵活性、躯干稳定性俯卧撑、转动稳定性需要进行排除测试，如果出现疼痛，则最终得分为 0 分。对测试结果进行评分后，再设计纠正方案。测试过程不得教授动作，如果有需要，只能重复说明动作；测试过程中不得判断动作模式或说明得分原因；从不同的方向观察受试者，以观察到全面的动作；每个动作测试 3 次，完成 1 次 3 分的动作即可；在合适的位置进行观察，出现疼痛得 0 分，得分界于两者之间则得低分[23]。

功能动作测试实施如下。

（1）深蹲[23]。

目的： 蹲是很多竞技项目都需要完成的一个动作。它是一种准备姿势，受试者在进行由下肢完成的有力的上举动作时需要这一动作。正确完成这一动作对受试者的整个身体结构要求都非常高。这一动作可以评价髋、膝和踝关节的双侧均衡性及功能灵活性。通过观察举在头顶上的木杆，可以评价肩和胸椎的双向性、对称灵活性。若想成功地完成这一动作，受试者需要良好的骨盆节奏、踝关节闭合运动链背屈、膝关节和髋关节的弯曲、胸脊的伸展以及肩关节弯曲和外展。

操作流程：①受试者以双足间距稍宽于肩宽站立，同时双手以相同间距握杆（肘与杆成 90°）；②双臂伸直，向上举杆过顶，慢慢下蹲至深蹲位前，尽力保持双足后跟着地；③保持面向前方，抬头挺胸，杆保持在头顶以上。允许试 3 次，如果还是不能完成这一动作，在运动员的双足跟下各垫 5cm 厚的板子再完成以上动作（图 5－15）。

图 5－15　深蹲测试动作（从左至右依次是 3 分、2 分、1 分）

（2）跨栏步[23]。

目的：了解受试者在做上台阶的运动时踏步的动作质量。这一动作需要受试者髋部与躯干在完成动作时具有正确的协调性和稳定性，同时要有单腿站立的稳定性。跨栏步测试可以评估髋关节、膝关节和踝关节双侧功能灵活性及稳定性。进行跨栏步测试时，需要踝关节、膝关节和髋关节表现出一定的支撑腿的稳定性以及髋关节闭合运动链最大扩展性。测试也要求踏步腿的踝关节开放运动链的背屈以及膝关节和髋关节的弯曲。此外，由于这一测试需要具有一定的动态稳定性，受试者也需要表现出足够的平衡能力。

操作流程：①受试者双足并拢且足趾处于栏架下方；②调整栏架与受试者胫骨粗隆同高，双手握杆置于颈后肩上保持水平；③受试者缓慢抬起一腿跨过栏杆，并以足跟触地，同时支撑腿保持直立，重心放在支撑腿上，并保持稳定；④缓慢恢复到起始姿势；⑤抬另一侧腿重复以上动作，记录最低得分，受试者有 3 次机会完成测试。（图 5-16）。

图 5-16　跨栏步测试动作（从左至右依次是 3 分、2 分、1 分）

（3）前后分腿蹲[23]。

目的：本测试所采用的动作姿势主要是模拟旋转、减速和侧向的动作，并对此进行评价。前后分腿蹲测试中，下肢呈交剪姿势，这时身体躯干和下肢要进行扭转，同时要保持正确的连接。本测试可以评估躯干、肩部、髋和踝关节的灵活性与稳定性、四头肌的柔韧性和膝关节的稳定性。测试动作需受试者具有较好的后腿踝关节、膝关节和髋关节的稳定性，同时需要前跨腿髋关节的灵活性、踝关节背屈和股直肌的柔韧性。

操作流程：①测量受试者胫骨的长度；②受试者以右足踩在一块 2 英尺×6 英尺（0.6m×1.8m）的测试板的末端，在身体后方以右手在头后，左手在身后下方握住一根长杆，保持杆紧贴头后、胸椎和骶骨；③从右足尖向前量取与胫骨相同的长度并标记，然后左足向前迈出一步，足跟落在标记上，随后下蹲至后膝在前足跟后触板。始终保持双足在向前的直线上；④双侧上下肢交换，再次完成测试，允许尝试 3 次来完成测试动作，取测试的最低分。（图 5-17）。

图 5－17　前后分腿蹲测试动作（从左至右依次是 3 分、2 分、1 分）

（4）肩部灵活性[23]。

目的： 通过肩部灵活性测试，评估双侧肩的运动范围以及内收肌的内旋和外展肌的外旋能力。完成规定动作时，需要正常的肩胛灵活性和胸椎的伸展；在完成外展/外旋、弯曲/伸展与内收/内旋组合动作时，需要肩部的灵活性以及肩胛与胸椎的灵活性。

操作流程： ①受试者站立位，一只手由下向上以手背贴后背部，沿脊柱尽力从下向上滑动，握住木尺；②另一只手由上向下单手以手掌贴后背部，握住木尺从上向下尽力滑动；③记录两拳间尺子距离（由测试者协助握好尺子，使其与地面垂直）；④上下交换双手位置，可允许重复测试 3 次，取低分为测试得分（图 5－18）。

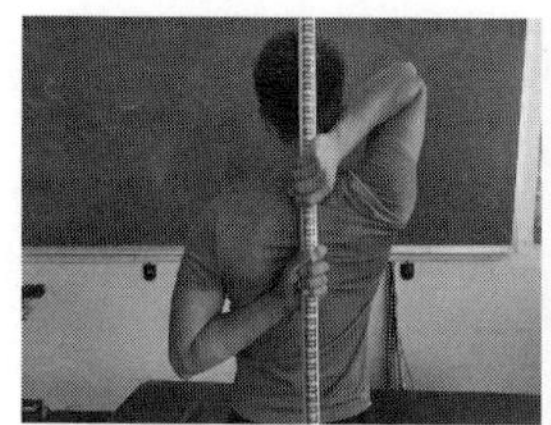
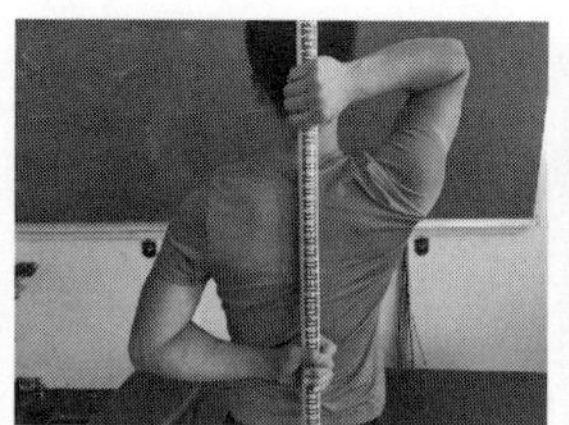
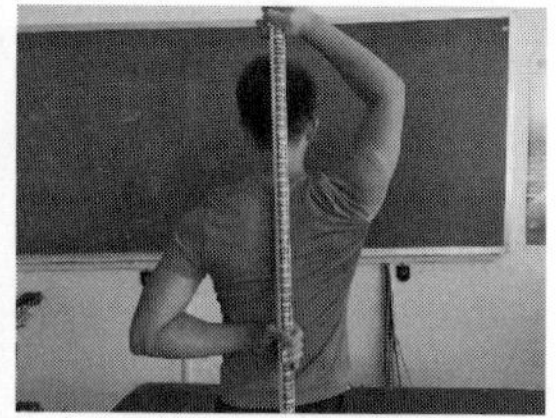

图 5－18　肩部灵活性测试动作（从左至右依次是 3 分、2 分、1 分）

（5）主动直膝抬腿[23]。

目的： 通过主动直膝抬腿可以测试在躯干保持稳定的情况下，下肢充分分开的能力。通过测试可以评价在盆骨保持稳定、对侧腿主动上抬时，腘绳肌、腓肠肌与比目鱼肌等的柔韧性。若要较好地完成这一动作，需要受测者具有功能性腘绳肌的柔韧性，受试者在训练与比赛时需要这种柔韧性。这种柔韧性不同于一般测试的被动柔韧性，受试者也需要表现出良好的对侧腿髋关节灵活性以及腹下部肌肉的稳定性。

操作流程：①受试者双手置于身体两侧仰卧，一侧膝盖下放置一根4尺长杆；②被测腿上抬，踝关节背屈，膝关节伸直；③保持异侧腿与长杆接触并伸直，且身体平躺在地面，随后将长杆放在踝关节中央，并自然下垂，与地面垂直做标记；④换另一侧腿完成测试，可允许重复3次测试，记录最低分（图5－19）。

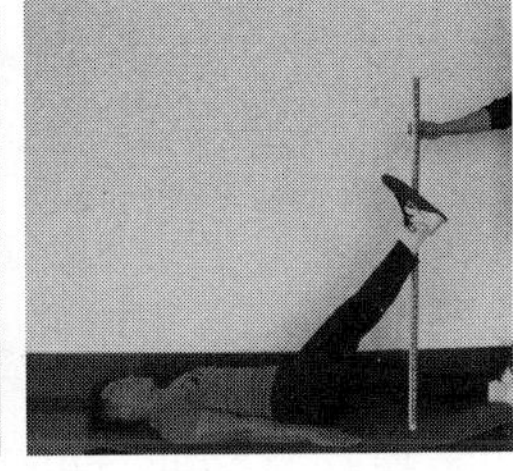
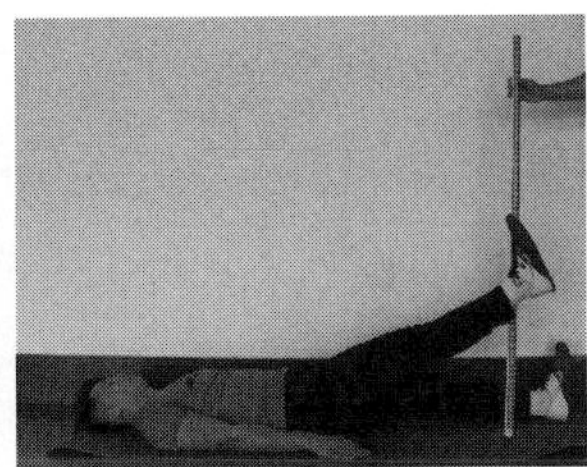

图5－19　主动直膝抬腿测试动作（从左至右依次是3分、2分、1分）

（6）躯干稳定性俯卧撑[23]。

目的：通过躯干稳定性俯卧撑可以评价上肢进行闭合运动时，躯干在前后两个维度上稳定脊椎的能力，亦可评估在上肢进行对称动作时，躯干在矢状面上的稳定性。

操作流程：①受试者俯卧，双足尖着地，双前臂稍宽于肩撑地；②双手大拇指与头顶保持在一条直线上，同时双膝关节尽力伸直，女性受试者双上臂可稍下移，使双手拇指与下颌保持在一条直线上；③腰椎保持自然伸直姿势；④受试者向上撑起身体，全过程中腰部不可晃动，保持腰椎自然伸直姿势；⑤男性受试者如果不能从起始姿势完成此动作，可以双上臂下移，使双手拇指与下颌保持在一条直线上，再完成一次动作；女性受试者如果不能从起始姿势完成此动作，可以双上臂下移，使双手拇指与颈部保持在一条直线上，再完成一次撑起动作（图5－20）。

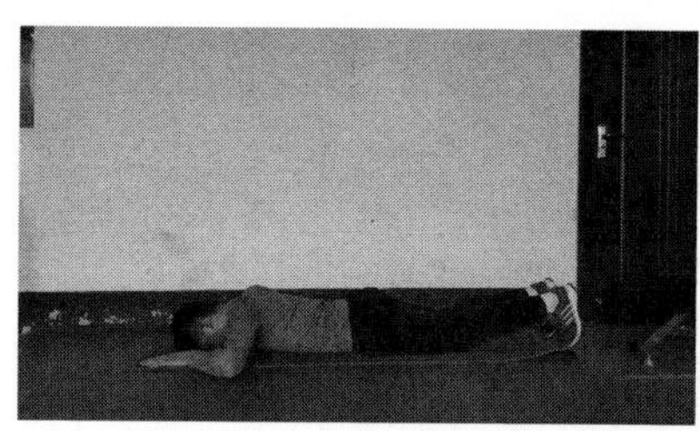 

图 5-20 躯干稳定性俯卧撑测试动作

（7）转动稳定性[23]。

目的：受试者在进行这种测试时，要完成的动作比较复杂。它需要受试者有良好的神经肌肉协调能力以及将力量从身体的某一部分转移到另一部分的能力。通过这一测试可以评价上下肢同时运动时，躯干在多个维度上的稳定性。完成这一动作时（受试者上下肢同时进行对称动作时），需要受试者躯干在矢状面和横向面上的对称稳定性。

操作流程：①受试者肩与躯干上部垂直，髋和膝屈曲 90°，大腿与躯干下部垂直，足背屈，腰椎保持自然伸直姿势；②将一块 2 英尺×6 英尺（0.6m×1.8m）的测试板放在手与膝之间，使双手与双膝都可以触到测试板；③肩后伸，同时伸同侧髋与膝关节，抬起手和腿并离地约 6 英寸（约 15.2cm），抬起的肘、手和膝必须与测试板的边线保持在同一平面内，躯干保持在与测试板平行的水平面内，全过程保持腰椎自然伸直姿势；④受试者肘与膝在平面内屈曲靠拢；⑤受试者可以尝试 3 次来完成测试动作；⑥如果受试者得分在 3 分以下，以同时上抬对侧肢体的方式（成对角线）完成测试动作；⑦受试者换用对侧肢体完成相同测试动作，记录最低得分（图 5-21）。

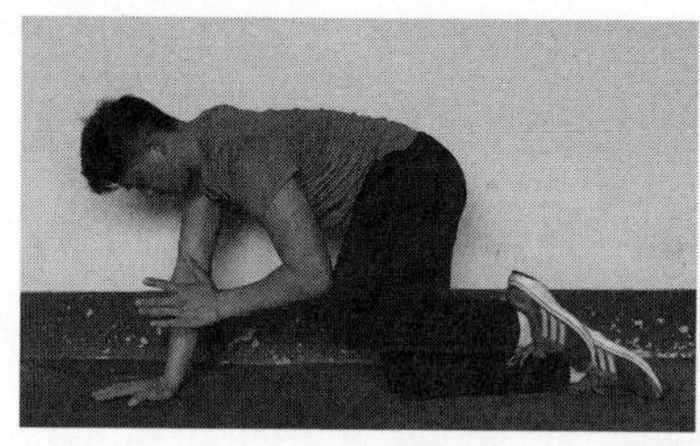 

图 5-21 转动稳定性测试动作

图 5-21 转动稳定性测试动作（续）

2. Y 平衡测试

Y 平衡测试简介：Y 平衡测试起源于美国，是一种综合功能性测试，具有省时省力、便捷高效的特点。Y 平衡测试是在星形偏移平衡测试的基础上修改后的测试，既可用于上肢，也可用于下肢，通过测试能够反映出测试者下肢（或上肢）稳定能力和左右平衡问题[90]。Y 平衡测试与以往评估静态平衡能力的测试方法不同，它是一种评估人体上肢、下肢动态平衡能力的测试，它是根据“逐关节理论”“肌肉平衡机制”来整体评价身体环节的运动表现，可以对人体在执行相关动作时所同时需要的关节灵活性与稳定性、核心稳定性、力量、神经肌肉控制、本体感觉等综合能力进行精确量化。同时，由于 Y 平衡测试需要在人体稳定性受限的情况下完成，该测试也是对平衡觉、本体感觉、视觉以及神经肌肉等协作完成一种运动控制的综合反映。Y 平衡测试的主要目的在于通过对比分析每个子测试左右肢体在各方向上伸够距离的差值以及综合值大小，来快速评价上肢、下肢的动态平衡能力受限情况、功能对称性情况及损伤风险。Y 平衡测试包括身体上肢和下肢 2 个子测试，每个子测试均需要在单侧肢体支撑的情况下另一侧肢体向规定的 3 个方向进行最远距离的伸够。

Y 平衡测试目的及方法：通过对比左右肢体在各方向上伸够的最远距离的差值和综合值的大小，来评价肢体的动态平衡能力、功能对称性及损伤风险。

上肢 Y 平衡测试：正式测试，以右手支撑为例：①受试者以俯卧撑姿势开始，两脚开立，与肩同宽，脚尖着地。保持身体呈一条直线并垂直于测试平台。同时，右手位于右肩的正下方，五指并拢，拇指对准测试平台上的红色起始线。②受试者保持左手支撑，同时用左手（自由手）尽可能远地推动测试板内侧面（靠近测试平台的一侧），并按照中侧、下内侧和上外侧的顺序依次进行，中间无间歇，在左手连续进行 3 个方向的 1 次完整测试后，即换右手进行测试，然后再换左手进行，如此交替左右手进行测试。各完整的测试之间可以有短暂休息，以减缓疲劳。测试板内侧面在测试杆上对应的刻度即为受试者左手（或者右手，以自由手为准）在该方向上的测试结果，并由测试者记录，精确到 0.5cm。③在正式测试开始之前，受试者双手可以在各方向上进行 6 次练习，以降低学习效应对正式测试的影响。正式测试为每只手在每个方向上进行 3 次测试，考虑到存在失误的情况，允许受试者每只手在每个方向上最多有 6 次测试，而测试结果则取 3 次成功的测试值[90]（图 5－22）。

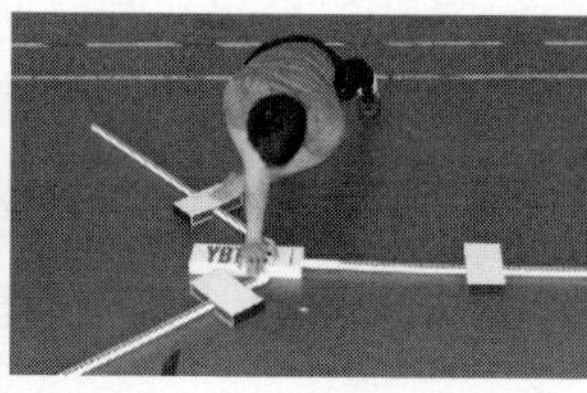

图 5－22 上肢 Y 平衡测试

受试者在某个方向上能够按照上述要求进行测试，并平稳地将手收回起始位置即算 1 次成功的测试，而出现以下几种情况均被视为无效的测试，需要在该方向上重新进行测试：①在测试时，支撑手肘关节屈肘以求获得更远的伸够距离；②自由手在向各个方向进行测试时，以测试板或测试杆作为支撑；③自由手在收回时，身体失去平衡，使膝关节或手触及地面；④自由手在伸够过程中没有与测试板始终贴合，或者在伸够末端用力猛推测试板，使之靠惯性向前滑动。为了排除上肢长度的影响，并使测试值能够在受试者之间相互比较，需要将测试值标准化，以求得综合值[90]。

下肢 Y 平衡测试：下肢测试分 3 个测试方向，受试者在测试时单腿站立姿势下脚尖朝向即为前方，并据此将 3 个测试方向确定为前侧、后内侧和后外侧。同时，在进行下肢 Y 平衡测试之前，首先要测量下肢长度，具体方法为：①受试者仰卧于坚硬平面上，两脚与肩同宽，脚尖朝上；②测试者使用卷尺测量髂前上棘到同侧脚内踝中点的距离。正式测试，以右脚支撑为例：①受试者光脚进行该项测试（减少由鞋子提供的额外的平衡与稳定），右脚站在测试平台上，并与测试平台平行，拇指对准测试平台上的红色起始线。同时，双手叉腰，以排除可能由上肢参与的平衡。②受试者保持右脚支撑，用左脚（自由脚）尽可能远地推动测试板内侧面（靠近测试平台的一侧）。为了减缓疲劳，受试者需左脚在同一方向上连续测 3 次，然后换右脚在该方向上继续连续测 3 次（此时为左脚支撑），并按照前侧、后内侧、后外侧的顺序依次进行。测试板内侧面在测试杆上对应的刻度即为受试者左脚（或者右脚，以自由脚为准）在该方向上的测试结果，并由测试者记录，精确到 0.5cm。③在正式测试开始之前，受试者双脚可以各进行 6 次练习，以降低学习效应对正式测试的影响[90]（图 5–23）。

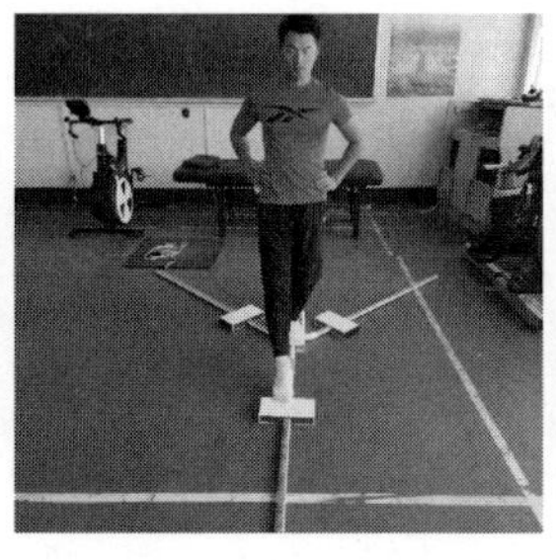
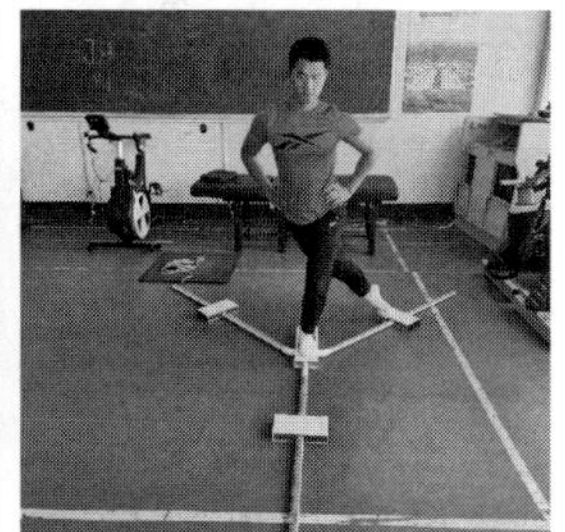

图 5–23　下肢 Y 平衡测试

正式测试为每只脚在每个方向上进行 3 次伸够，考虑到存在失误的情况，允许受试者每只脚在每个方向上最多有 6 次测试，测试结果取 3 次成功的测试值。受试者在某个方向上能够按照上述要求进行测试，并平稳地将脚收回起始位置即算 1 次成功的测试，而出现以下几种情况均被视为无效的测试，需要在该方向上重新进行测试：①在测试时，支撑脚的脚后跟抬起或者支撑脚发生移动；②自由脚在向各个方向进行测试时，以测试板或测试杆作为支撑；③自由脚在收回时，身体因失去平衡而使自由脚触及地面；④自由脚在伸够过程中未一直与测试板贴合，或者在伸够末端用力猛踢测试板，使之靠惯性向前滑动[90]。

Y 平衡测试结果分析：

$$\text{上肢测试得分：综合值}=\frac{\text{（中侧+下内侧+上外侧）}}{\text{（3×上肢长）}}\times 100\%$$

$$\text{下肢测试得分：综合值}=\frac{\text{（前侧+后内侧+后外侧）}}{\text{（3×下肢长）}}\times 100\%$$

上肢 Y 平衡测试主要用来评价肩关节灵活性、肩胛骨的稳定性、胸椎的灵活性、上肢力量、核心区稳定性、神经肌肉控制能力及本体感觉能力；下肢 Y 平衡测试主要用来评价髋/膝/踝关节的灵活性、核心区稳定性、下肢力量、神经肌肉控制能力及本体感觉能力。一般而言，在身体上肢平衡测试中，左右侧在各个方向上的伸够距离差值不应该大于4cm，否则说明两侧差异过大，同时左右侧的综合值不应小于 95%，否则表明支撑上肢或支撑下肢有损伤风险。

（二）一般运动能力测试

一般运动能力测试主要包括力量、速度、耐力、灵敏、柔韧、平衡稳定等身体素质的测试，具体内容主要包括 1RM 最大力量测试、快速力量测试、局部力量耐力测试、速度测试、无氧耐力测试、有氧耐力测试、灵敏性测试、平衡稳定测试、柔韧性测试[86,91]。

1. 1RM 最大力量测试

通过 1RM 测得最大力量，可以按照以下步骤进行：

（1）5～10 次预估最大负荷 40%～60%的轻度热身。

（2）1 分钟休息后，3～5 次预估最大负荷 60%～80%的训练。

（3）步骤（2）已接近 1RM，负荷小幅增加进行 1RM 尝试。如果成功需要休息 3～5 分钟再进行下一次 1RM 尝试，允许有足够的休息。1RM 测试应控制在 3～5 组，以避免过度疲劳。测试过程一直持续到失败，然后相应调整负荷。

（4）1RM 值为最后一次成功完成的负荷重量。

通过 1RM 的方法可对深蹲、卧推、腿推举等进行最大力量测试，一般来讲，教练员需要根据受试者实际增加或减少负荷，但下肢增加 10%～20%，上肢增加 5%～10%，下肢减少 5%～10%，上肢减少 2.5%～5%的比例可供参考。

2. 快速力量测试

（1）1RM 高翻。

测试场地器材：1 个杠铃杆、若干杠铃片（最小为 2.5kg）、1 个杠铃架、2 个扣锁等。

测试人员：1 名保护人员、1 名记录人员。

测试过程：指导受试者完成高翻正确技术练习，根据测试步骤增加或减少负荷，记录人员进行记录。

（2）立定跳远。

测试场地器材：6m 长、平整、安全场地，3m 长最小刻度为 1cm 的尺子。

测试人员：1 名裁判员、1 名记录人员。

测试过程：受试者站立在起跳线后，以有反向的动作形式完成测试，测量起跳线和落地脚之间最近的距离。测试 3 次，取最好成绩，精确到 1cm。

（3）原地纵跳。

测试场地器材：高于受试者最大纵跳高度的平滑墙面、减震良好的地面、粉笔或粉末、测量尺或棍（或专用测试设备），也可以采用压力垫系统进行测试（见静态纵跳）。

测试人员：1 名测试人员、1 名记录人员。

测试过程：使用粉笔标记测试过程，受试者站立，优势侧距离墙壁 15cm，优势手拿粉笔最大限度伸直在墙上做第一标记；然后受试者快速屈髋屈膝做有反向纵跳，保持躯干直上直下，达到最高处后用优势手做第二标记，第一标记和第二标记之间的距离即为纵跳高度。测试 3 次，取最好成绩，精确到 1cm。

使用专用测试设备的测试过程：受试者站立，优势侧靠近测试仪，测试者调整仪器，使受试者优势手最大限度伸直后能够触及有颜色、可移动水平叶片的高度（应该触及叶片中央），做好标记后，在估计受试者跳跃水平的情况下升高立柱。受试者快速屈髋屈膝做有反向纵跳，保持躯干直上直下，达到最高处后用优势手触及叶片。站立触及叶片和跳跃后触及叶片之间的距离即为纵跳高度。测试 3 次，取最好成绩，精确到 1cm（图 5－24）。

图 5－24　原地纵跳测试

（4）静态纵跳（无反向纵跳）。

测试场地器材：高于受试者最大纵跳高度的平滑墙面、减震良好的地面、粉笔或粉末、测量尺或棍（或压力垫系统等测量设备）。

测试人员：1 名测试人员、1 名记录人员。

测试过程：受试者自然下蹲为深蹲姿势，在垂直跳跃前静止 2～3 秒，不采用压力垫系统的测试过程与原地纵跳相同。采用压力垫系统的测试过程：受试者自然下蹲为深蹲姿势，在垂直跳跃前静止 2～3 秒，然后最大限度地垂直跳跃，每次起跳、落地和跳跃的策略相同。测试 3 次，取最好成绩，（图 5–25）。

图 5–25 静态纵跳测试

（7）下落纵跳。

测试场地器材：不同高度规格的跳箱若干（如 20cm、30cm、40cm 等）、测试反应时间的仪器（如压力垫系统等）。

测试人员：1 名测试人员、1 名记录人员。

测试过程：受试者站在跳箱上，压力垫系统放在跳箱前 20cm，指导受试者双手叉腰，从跳箱上自然下落（下落前不蹬地或跳跃）到压力垫系统上，下落后马上最大限度跳起，尽量缩短着地时间，跳跃高度除以压力垫系统测得的着地时间即为反应性肌力指标。测试 3 次，取最好成绩。可调整跳箱的高度，以获得最佳的收缩反应范围（图 5–26）。

图 5–26 下落纵跳测试

3. 局部力量耐力测试

（1）局部卷腹。

测试场地器材：节拍器、卷尺、胶带、垫子。

测试人员：1 名技术裁判、1 名记录人员。

测试过程：受试者仰卧在垫子上，屈膝 90°，手臂手掌向下自然放置身体两侧，用长 10cm 的胶带在指尖处做第一标记，然后与第一标志平行设置第二标记。将节拍器设置为每分钟 40 次，测试开始后，受试者以每分钟 20 次的频率抬高肩膀，离开垫子（躯干与垫子的夹角为 30°），并避免屈颈，使下巴接触胸部。受试者尽可能多做，最多为 75 次（图 5－27）。

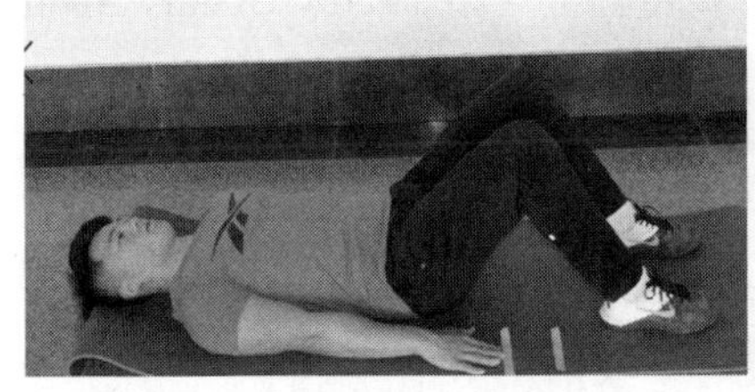
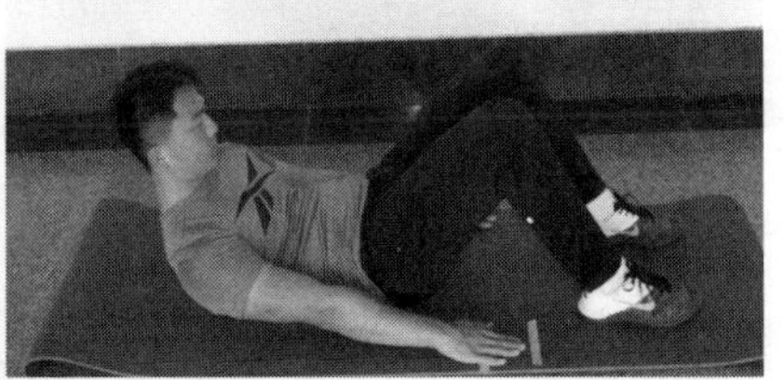

图 5－27　局部卷腹测试

（2）俯卧撑。

测试场地器材：直径为 10cm 的滚筒（女性使用）、垫子。

测试人员：1 名技术裁判、1 名记录人员。

测试过程：受试者双手开立与肩同宽撑地，身体挺直，男性双脚脚尖着地，女性屈膝 90°，双踝交叉，膝部着地。开始测试时，受试者肘部弯曲，使身体下降至上臂与地面平行（女性胸部触及直径为 10cm 的滚筒），然后肘部伸直。可测试 2 分钟内俯卧撑次数，也可以不计时间，直至动作变形或做不动（图 5－28）。

图 5–28　俯卧撑测试

（3）YMCA 卧推（Young Men’s Christion Association Bench Press）。

测试场地器材：36kg（男性）或 16kg（女性）杠铃一副（重量包含杠铃杆、杠铃片、锁扣等）、卧推凳、节拍器。

测试人员：1 名保护人员、1 名记录人员。

测试过程：节拍器设置为每分钟 60 次，受试者按照卧推的标准动作进行每分钟 30 次练习，直至无法按照节拍器练习而失败为止。

4. 速度测试

直线冲刺。

测试场地器材：精度为 0.01 秒的秒表、不同距离的平坦场地 20 码（约 18.29m）、30 码（约 27.43m）、40 码（约 36.58m）等。

测试人员：1 名计时员、2 名边线裁判。

测试过程：受试者自主热身，然后至少在非最大速度情况下练习 2 次。测试开始时，受试者采取蹲踞式或三点支撑式起跑姿势，得到信号后以最大速度冲向终点。测试 3 次，取最佳成绩，两次测试间隔 2 分钟。

5. 无氧耐力测试

300 码（274m）折返跑。

测试场地器材：精度为 0.01 秒的秒表、具有两条平行线的平坦场地、平行线相距 25 码（约 22.86m）。

测试人员：1 名计时员、1 名记录员。

测试过程：将受试者按照能力配对，两名受试者站在起跑线后，测试开始后冲向另一条边线，用脚触及边线后马上变向返回，来回共 6 个往返（6×50 码=300 码，274m）。第一次测试后休息 5 分钟，然后进行第二次测试，取两次测试的平均成绩，精确到 0.01 秒（图 5－29）。

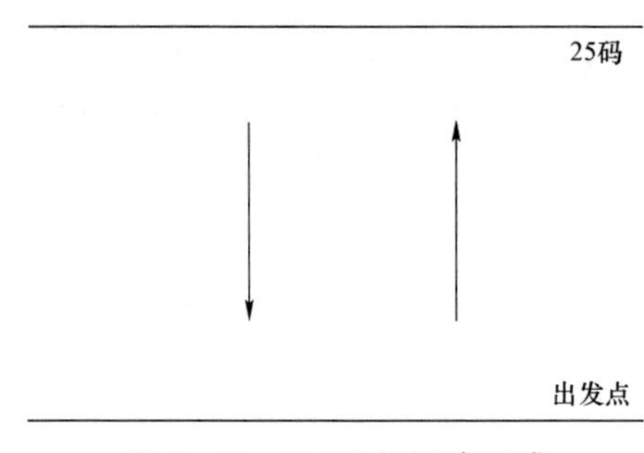

图 5－29 300 码折返跑测试

6. 有氧耐力测试

（1）1.5 英里跑（约 2.4km）。

测试场地器材：秒表、1.5 英里（约 2.4km）的跑道或平坦场地。

测试人员：1 名计时员、1 名记录员。

测试过程：受试者自主热身，测试开始前对受试者进行登记或佩戴号码以便辨识，指导受试者以稳定的节奏或配速跑完全程，不熟悉节奏或配速的受试者需要在测试前进行训练，以熟悉节奏或配速。测试开始时，受试者排成一排，采用站立式起跑姿势，得到信号后以最短时间（最快速度）跑完全程。

（2）12 分钟跑。

测试场地器材：秒表、400m 田径场或每隔 100m 设置标志的 400m 环形路线。

测试人员：1 名终点计时员、1 名记录员。

测试过程：受试者自主热身，测试开始前对受试者进行登记或佩戴号码以便辨识，测试开始时，受试者排成一排，采用站立式起跑姿势，得到信号后在 12 分钟内尽可能跑最远的距离，如果有必要可以部分或全程步行。记录 12 分钟内受试者跑动的距离（圈数×400m）。

7. 灵敏性测试

（1）“T”字形测试。

测试场地器材：4 个锥桶、秒表、至少 4.6m 长的尺子、平坦且摩擦力好的空地。

测试人员：1 名测试人员、1 名记录员、1 名裁判。

测试过程：测试前受试者自主进行准备活动，并进行次最大速度的适应练习。受试者以适当的准备姿势站在 A 处，听到信号后冲刺到 B 处，并用右手触及 B 标志顶端；然后侧向移动到 C 处（侧向移动双脚不交叉），用左手触及 C 标志的顶端；接着侧向移动到 D 处，用右手触及 D 标志顶端；然后侧向移动到 B 处，用左手触及 B 标志顶端；最后后退到 A 处（为了保证安全，可在 A 标志后方放置体操垫等安全保障设施）。当出现受试者没有触及标志物、面部没有向前、双脚交叉中的任何一种情况时不计算成绩。测试 3 次，取最佳成绩，精确到 0.01 秒（图 5－30）。

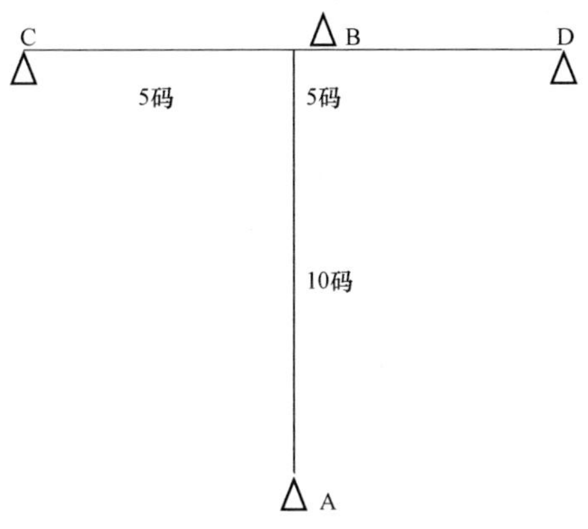

图 5－30 “T”字形测试

（2）六角形测试。

测试场地器材：胶带、秒表、尺子、平坦且摩擦力好的空地。

测试人员：1 名测试人员、1 名记录员、1 名裁判。

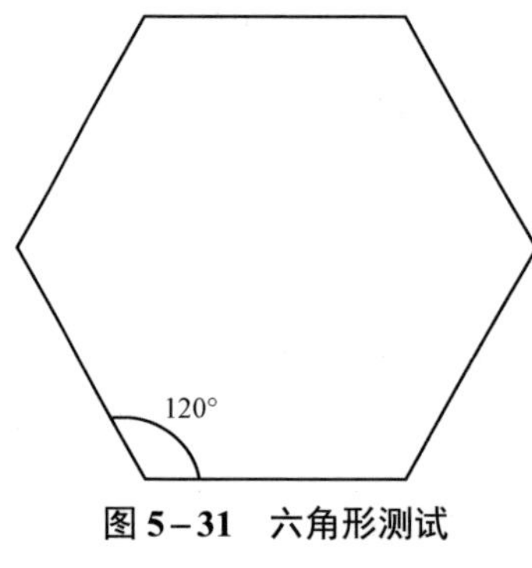

图 5-31　六角形测试

测试过程：测试前受试者自主进行准备活动，并进行次最大速度的适应练习。受试者以适当的准备姿势站在六边形（边长 61cm）中央，听到信号后以顺时针方向从中央双脚跳到边线上，共 3 圈。在跳跃过程中面部始终朝向一个方向。若出现没有越过边线、面部方向改变、失去平衡、多做一步中的任何情况则需要重新测试。测试 3 次，取最佳成绩，精确到 0.01 秒（图 5-31）。

（3）伊利诺斯测试。

测试场地器材：锥桶、秒表、平坦且摩擦力好的空地。

测试人员：1 名测试人员、1 名记录员、1 名裁判。

测试过程：测试前受试者自主进行准备活动，并进行次最大速度的适应练习。受试者以适当的准备姿势位于 A 处，听到信号后快速冲刺到 B 处，然后冲刺到 1 号锥桶，并按照 1—2—3—4—3—2—1 的顺序 8 字形变向，然后冲刺到 C 处，最后冲刺到 D 处。测试 3 次，取最佳成绩，精确到 0.01 秒（图 5-32）。

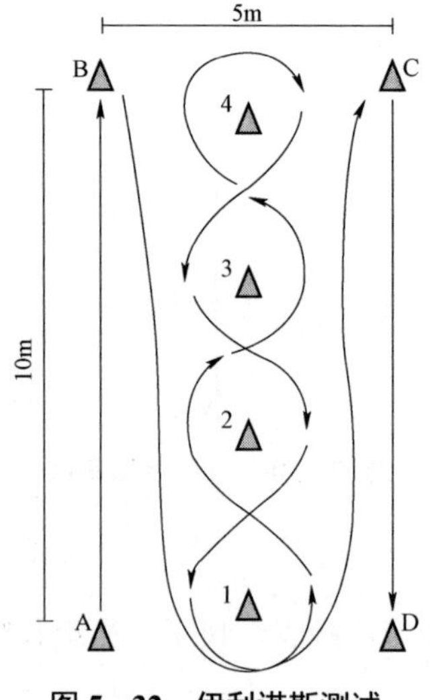

图 5-32　伊利诺斯测试

（4）折返敏捷性测试。

测试场地器材：秒表、标志好 3 条线（间距 5 码，4.6m）的平坦、摩擦力好的空地。

测试人员：1 名测试人员、1 名记录员、1 名裁判。

测试过程：测试前受试者自主进行准备活动，并进行次最大速度的适应练习。受试者以适当姿势位于中间起始位置，接到信号后冲刺至左边线，然后转向冲刺到右边线，接着转向回到中间线，受试者手或脚需要触及线。测试 3 次取最佳成绩，精确到 0.01 秒（图 5－33）。

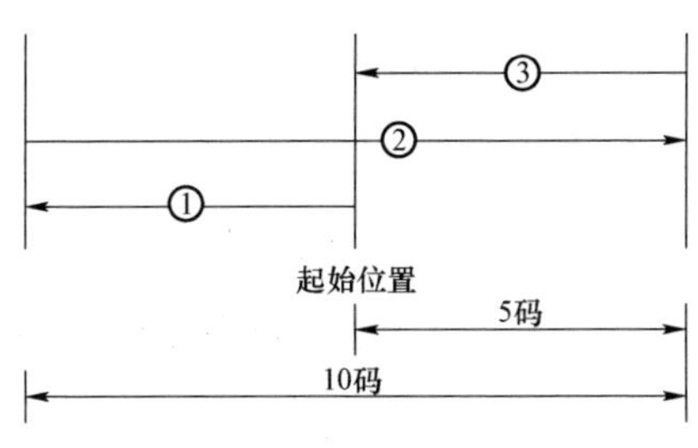

图 5－33　折返敏捷性测试[83]

（5）5—0—5 灵敏测试。

测试场地器材：秒表、标志桶、平坦且摩擦力好的空地。

测试人员：1 名测试人员、1 名记录员、1 名裁判。

测试过程：测试前受试者自主进行准备活动，并进行次最大速度的适应练习。受试者以适当姿势位于起始位置，接到信号后直线冲刺，到计时处时记录员开始计时，受试者到转弯处快速返回，到计时处时记录员停止计时，受试者顺势跑到起点处。左脚和右脚测试 3 次，取最佳成绩（转弯处分别用左右脚），精确到 0.01 秒（图 5–34）。

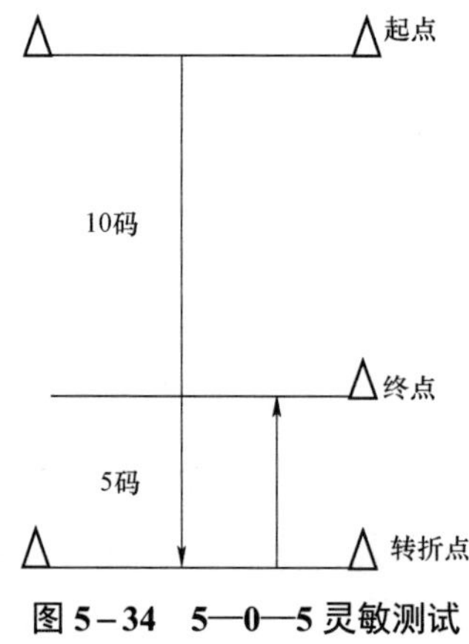

图 5-34　5—0—5 灵敏测试

8. 平衡稳定测试

（1）平衡感误差计分系统（BESS）[83]。

测试场地器材：泡沫平衡垫、秒表。

测试人员：1 名测试人员、1 名记录员。

测试过程：测试前受试者自主进行准备活动，并进行适应练习。三个姿势分别为双脚站立、非优势脚单脚站立、排列站立（非优势脚在后、优势脚在前），支撑面有坚硬地面和软地面两种，双手叉腰，闭眼站立 20 秒，若失去平衡需要重新测试。睁眼、手离开腰部、跳跃、脚尖或脚跟抬起、走步、非站立脚放下、腰部屈曲或外展超过 30°、无法保持姿势 5 秒均为失败（图 5-35）。

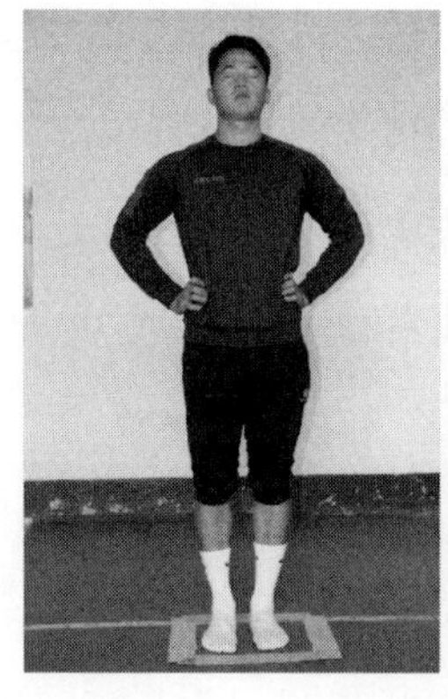

图 5-35　BESS 测试

图 5-35 BESS 测试（续）

（2）星际漂移测试。

测试场地器材：胶带。

测试人员：1 名记录员。

测试过程：首先测量受试者左右腿长（髂前上棘到内踝的长度）。测试前受试者自主进行准备活动，并至少进行 4 次适应练习。8 条线（各 120cm）夹角为 45°。受试者站在中间，随机选择脚和起始线条，在面朝向方向不变的情况下，依次触及每条线的最远点。测试 3 次取平均值，两次测试之间休息 15 秒。支撑脚移动或抬起、没有触及线条、失去平衡、维持姿势不超过 1 秒均为失败。采用公式计算得分（脚触及距离/腿长×100）（图 5-36）。

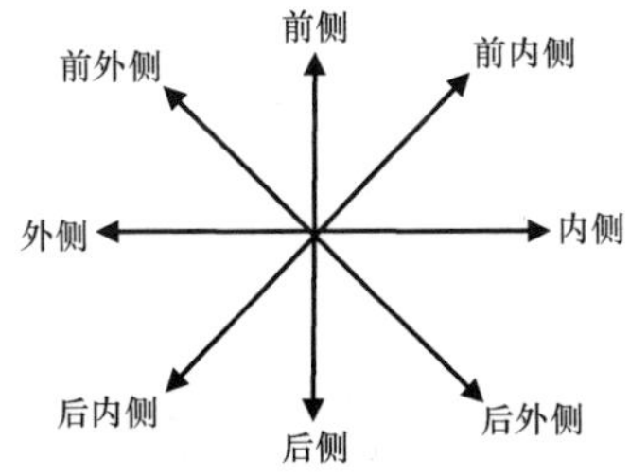

图 5-36 星际漂移测试

9. 柔韧性测试

（1）坐位体前屈。

测试场地器材：胶带。

测试人员：1 名测试人员、1 名记录员。

测试过程：将尺子放置在地面上，在 38cm 处与尺子垂直贴置 61cm 长的胶带。测试前受试者自主进行准备活动，需避免弹震式拉伸动作。测试时，受试者坐在地面上，两脚开立 30cm，脚跟与胶带前沿平齐，两手彼此靠近，沿尺子尽量前伸，头部放低至两臂之间且需始终保持膝关节伸直。测量 3 次，取最佳成绩，精确到 1cm。

（2）过顶深蹲。

测试场地器材：木棒或杠铃。

测试人员：1 名测试人员、1 名记录员。

测试过程：测试前受试者自主进行准备活动，并进行适应练习以熟悉动作模式。测试开始时，受试者自然站立，两脚开立，与肩同宽，脚尖朝前或稍微外旋，手臂伸直，双手持木棒或杠铃高举过头顶（保持肩关节最大限度屈曲），握距为两倍肩宽。然后受试者屈髋屈膝自然下蹲，始终保持手臂伸直，且木棒或杠铃始终高举在头顶。重复 3 次，在正面、侧面等方位进行观察（图 5－37）。

图 5－37　过顶深蹲测试

（三）专项运动能力测试

通过梳理研究文献，结合专家访谈，可知校园足球具有显著的项目特征。一般来讲，校园足球的专项运动能力测试包括速度测试、爆发力测试、核心力量测试、灵敏性测试、专项耐力测试、柔韧性测试等。通常，初中及以下阶段专项运动能力测试为10m冲刺跑、15m冲刺跑、30m冲刺跑、4×10m往返跑、立定跳远、坐位体前屈；高中阶段专项运动能力测试为10m冲刺跑、30m冲刺跑、纵跳、坐位体前屈、核心力量、投掷界外球、30秒俯卧撑、快速交替高抬腿、“T”字形测试、YOYO间歇性耐力跑等[92-93]。现将主要测试方法表述如下。

1. 速度测试

（1）位移速度测试：根据启动速度、加速能力、最大速度测试的需求，测试项目可为5m、10m、20m、30m、40m快速跑。

测试场地器材：精度为0.01秒的秒表、不同距离的平坦场地。

测试人员：1名计时员、2名边线裁判。

测试过程：受试者自主热身，然后至少在非最大速度情况下练习 2次。测试开始时，受试者采取蹲踞式或三点支撑式起跑姿势，得到信号后以最大速度冲向终点。测试3次，取最佳成绩，两次测试间隔2分钟（图5–38）。

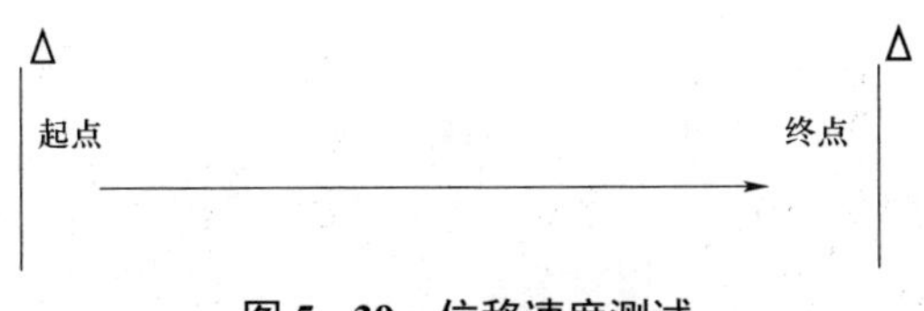

图5–39　位移速度测试

（2）动作速度测试：快速交替高抬腿。

测试场地器材：精度为0.01秒的秒表、适当的运动场地。

测试人员：1名测试人员、1名记录人员。

测试过程：受试者身体稍前倾，保持核心稳定，直臂双手顶住固定物体，听到信号后快速交替收腿，记录10秒内完成高抬腿次数，测试两次，取最佳成绩（图5-39）。

图5-39 动作速度测试

2. 爆发力测试

（1）预摆纵跳（有反向纵跳）[91]。

测试场地器材：高于受试者最大纵跳高度的平滑墙面、减震良好的地面、粉笔或粉末，测量尺或棍（或压力垫系统等测量设备）。

测试人员：1名测试人员、1名记录人员。

测试过程：受试者直体站立，然后快速下蹲跳起，测试3次取最好成绩（图5-40）。

图5-40 预摆纵跳测试

（2）立定跳远。

测试场地器材：尺子，平整、适当的运动场地。

测试人员：1名测试人员、1名记录人员。

测试过程：受试者两脚自然开立，约与肩同宽，上体稍前倾；然后以自身节奏完成立定跳远动作，测试 3 次取，最好成绩。

（3）掷界外球。

测试场地器材：足球、皮尺、适当的运动场地。

测试人员：1 名测试人员、1 名记录人员。

测试过程：受试者两脚自然开立，双手持球，2m 助跑后，快速掷界外球，记录足球落地点至起点之间的距离，测试 3 次取最好成绩。

3. 核心力量测试

核心力量有助于运动员在比赛中维持身体的稳定性，提高动作传递效率，同时预防运动损伤。核心力量的测试方法有多种，本研究主要介绍单侧核心力量的测试方法。

测试场地器材：皮尺、适当的运动场地。

测试人员：1 名测试人员、1 名记录员。

测试过程：受试者双脚背屈，脚尖撑地，身体展平，用双肘支撑身体，缓慢地抬起一只手臂，静止固定，此时测量从脚后跟到伸直手臂中指的距离并记录，用 A 表示所测左侧的长度。替换另一侧测量并记录，用 B 表示右侧长度（图 5-41）。

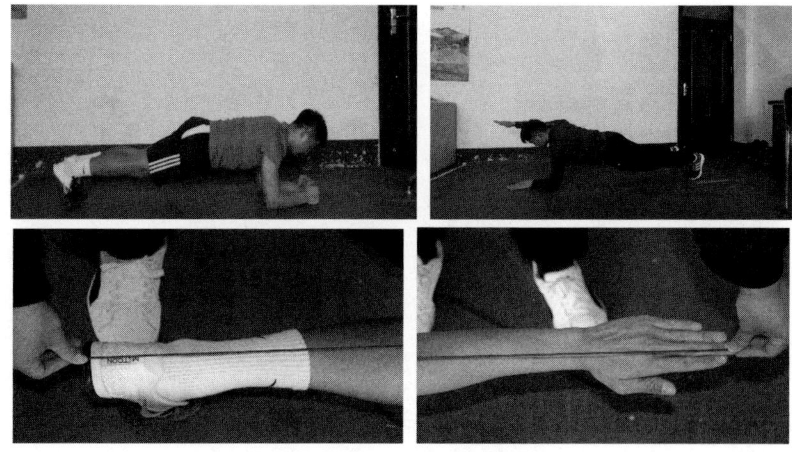

图 5-41　核心力量测试

计算方法：核心力量左侧＝臂伸直高（cm）－A（cm），核心力量右侧＝臂伸直高（cm）－B（cm）。

4. 灵敏性测试

（1）曲线跑。

测试场地器材：角旗杆 7 个、皮尺 1 副、秒表一块（或红外线速度测试仪）。

测试人员：1 名测试人员、1 名记录员。

测试过程：受试者穿足球鞋，听到信号后按照既定测试路线从外侧绕过角旗杆快速跑动，冲过终点计时停止。受试者可以触碰角旗杆，但不能将其撞倒，否则测试无效；间歇 1 分钟后重新测试，取最佳成绩（图 5－42）。

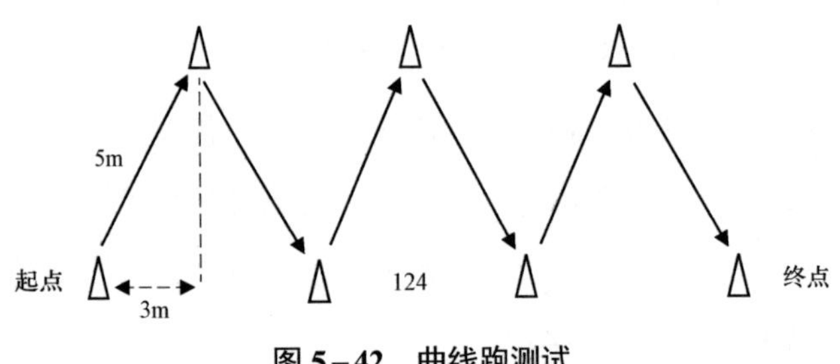

图 5－42 曲线跑测试

（2）四线往返跑。

测试场地器材：角旗杆 4 个、皮尺 1 副、秒表一块（或红外线速度测试仪）。

测试人员：1 名测试人员、1 名记录员。

测试过程：受试者穿足球鞋，听到信号后按照既定测试路线（A—B—C—A—D—B—A），从外侧绕过角旗杆快速跑动，冲过终点计时停止。受试者可以触碰角旗杆，但不能将其撞倒，否则测试无效；间歇 1 分钟后重新测试，取最佳成绩（图 5－43）。

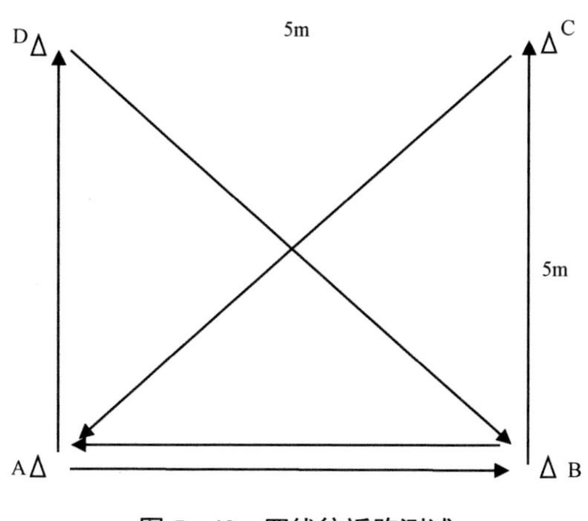

图 5－43　四线往返跑测试

5. 专项耐力测试——YOYO 测试

测试设备：锥桶等标志物、至少 30m 长的皮尺、YOYO 测试的音频软件和播放器、记录表、平坦和摩擦力好的场地。

测试人员：1 名测试人员、1 名记录员、1 名保护人员。

测试过程：利用锥桶标志出 20m 的距离，其中一端为起跑线，一端为折返线，在起跑线后方 5m 处放置标志物作为缓冲区。受试者自主热身，并用非最大速度进行适应练习。测试开始时，受试者站在 20m 区域一端面对另外一端，根据信号以不断增加的速度进行带有间歇的折返跑，每完成一个 2×20m 有 5 秒间歇。受试者需要完成尽量多的跑动距离，第一次跟不上跑速警告一次，第二次跟不上跑速测试停止，记录受试者跑动级别和折返跑次数，并计算跑动总距离（图 5－44）。

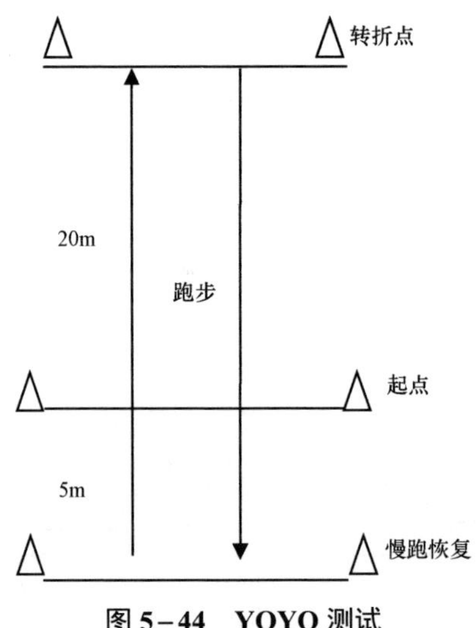

图 5-44　YOYO 测试

6. 柔韧性测试

（1）大腿前侧肌群柔韧性测试。

测试场地器材：直尺、适当的运动场地。

测试人员：1 名测试人员、1 名记录员。

测试过程：受试者俯卧，双手置于体侧，身体自然伸展，掌心向下，头部处于中立位，双腿自然分开；然后受试者一侧脚踝背屈后缓慢屈膝，直到最大伸展幅度，测试人员用直尺测量脚后跟与同侧臀部最高点的距离，然后换另一侧测试（图 5-45）。

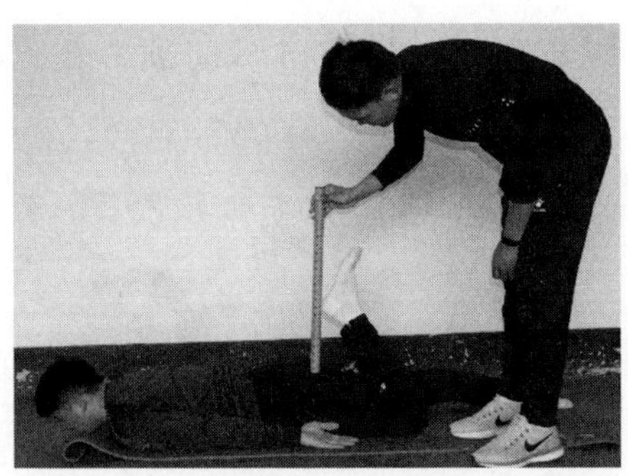
图 5-45　大腿前侧肌群柔韧性测试

（2）小腿后侧肌群柔韧性测试。

测试场地器材：直尺 1 把、适当的运动场地。

测试人员：1 名测试人员、1 名记录员。

测试过程：受试者脱去鞋子，双腿自然垂直站立，双手置于体侧，双脚平行在一条线上。用直尺沿脚外侧测量脚掌长度，取中点在地面做标记，然后受试者缓慢抬起前脚掌，测试人员用直尺测量地面标记到抬起脚掌的距离（图 5－46）。

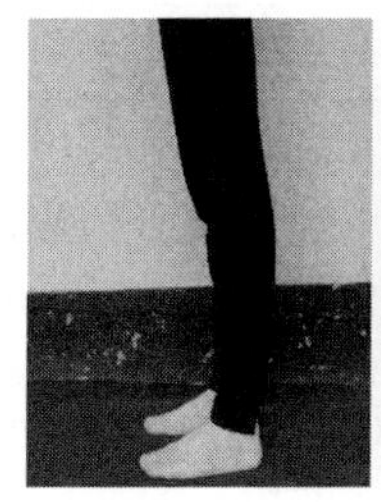
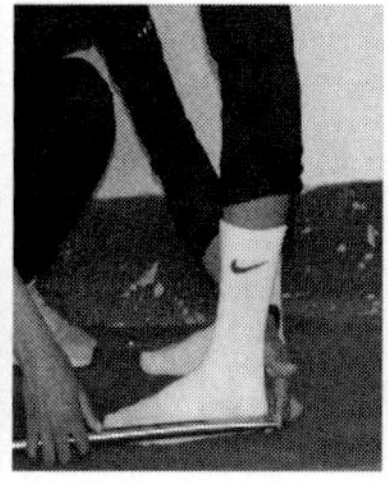

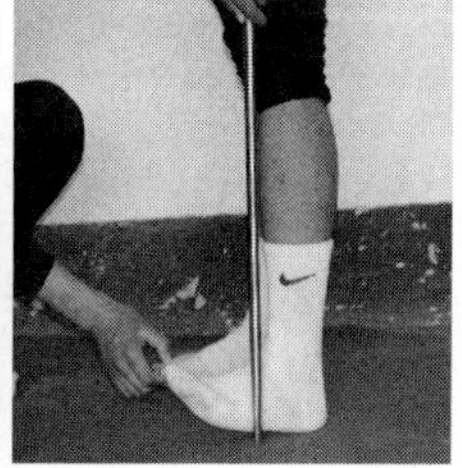

图 5－46　小腿后侧肌群柔韧性测试

二、我国校园足球基本功能训练手段筛选

（一）准备活动训练方法筛选

1. 软组织准备训练方法筛选

软组织准备是准备活动的重要内容，根据目前国内外运动训练实践应用的前沿和最新成果，软组织准备主要包括肌筋膜释放、扳机点松解（表 5－18）和肌肉激活三大内容。

表 5－18　肌筋膜释放和扳机点松懈方法筛选

肌筋膜释放（泡沫轴/按摩棒）		扳机点松懈（扳机点球）	
泡沫轴方法	按摩棒方法	小球方法	花生球方法
小腿前侧梳理	小腿前侧梳理	脚底梳理	肩胛底部梳理
小腿后侧梳理	小腿后侧梳理	臀部梳理	肩胛中部梳理
大腿前侧梳理	大腿前侧梳理	髋前部梳理	肩胛顶部梳理

续表

肌筋膜释放（泡沫轴/按摩棒）		扳机点松懈（扳机点球）	
泡沫轴方法	按摩棒方法	小球方法	花生球方法
大腿后侧梳理	大腿后侧梳理	肩前部梳理	—
大腿内侧梳理	大腿内侧梳理	肩后部梳理	—
大腿外侧梳理	大腿外侧梳理	—	—
臀部梳理	背部梳理	—	—
背部梳理	手臂梳理	—	—
体侧肩部梳理	—	—	—

肌筋膜释放是运用泡沫轴、按摩棒等工具对筋膜、肌腱和韧带等软组织进行梳理，有效缓解肌肉紧张的不适感和疼痛感的一种放松方法。这种方法也被称为肌筋膜释放技术的运用。扳机点松懈的目的也是消除肌肉中打结的现象并恢复肌肉原有的功能，一般可以用网球、棒球、花生球等工具对目标肌群相邻的肌肉或筋膜进行松解[90]。

肌筋膜释放和扳机点松解，一般安排在训练或比赛之前的准备活动之中的主要练习或动作任务之间，以及训练或比赛结束后的整理活动中。因此其应用包括两大部分：训练前的软组织唤醒、激活和训练后的梳理、放松；前者主要作用是在训练前帮助练习者激活肌肉和唤醒软组织，后者主要作用是帮助练习者梳理肌筋膜，促进血液、淋巴回流，重新恢复肌肉的正常形态。

用泡沫轴和按摩棒进行运动前软组织唤醒和激活以及运动后梳理和放松时，应从下肢开始逐步过渡到上肢。根据目标肌肉，慢慢将泡沫轴来回滚动 30～40 秒。如果某处肌肉感觉特别疼痛，则在该处多停留 5～10 秒。用扳机点球进行运动前软组织唤醒和激活以及运动后梳理和放松时应找到酸痛的点加压，从而消除肌肉中打结的现象并恢复肌肉原有的功能。在酸痛点上持续按压 30～60 秒，保持姿势，直至酸痛感得到缓解。

肌肉激活是为训练或比赛提供的一种高效的、系统的、有针对性的热身方法。肌肉激活的目的在于提高肩部、腰部、髋部周围肌群的肌肉参与度，以维持身体稳定，以及臀大肌发力的一致性，其练习内容包括臀肌激活和脊柱激活。通过肌肉激活能够有效地提高核心部位温度，加强血液流动速度，增强身体控制能力，提高自我纠正动作的能力，减少运动损伤发生的概率，为多关节运动提供躯体核心稳定性和减少能量损耗。一般来讲，校园足球身体运动训练的肌肉激活主要包括髋部、腰腹部、肩部的训练，每个部位选择 2～4 个动作，每侧身体练习 8～10 次，1～2 组（表 5－19）。

表 5－19　肌肉激活训练方法

肩部训练方法		髋部训练方法	腰腹部训练方法
全支撑	俯卧“I”字练习	卧姿屈膝蚌式	四点腹桥
	俯卧“Y”字练习	卧姿直膝蚌式	四点侧桥
	俯卧“W”字练习	卧姿屈膝弹力带蚌式	四点背桥
	俯卧“T”字练习	卧姿直膝弹力带蚌式	—
	俯卧“L”字练习	—	—
三点支撑	瑞士球“I”字练习	仰卧屈膝挺髋	三点腹桥
	瑞士球“Y”字练习	仰卧屈膝弹力带挺髋	三点侧桥
	瑞士球“W”字练习	仰卧屈膝药球挺髋	三点背桥
	瑞士球“T”字练习	仰卧屈膝瑞士球挺髋	—
	瑞士球“L”字练习	—	—
二点支撑	站姿“I”字练习	仰卧屈膝军步	二点腹桥
	站姿“Y”字练习	仰卧屈膝弹力带军步	二点侧桥
	站姿“W”字练习	仰卧屈膝药球军步	二点背桥
	站姿“T”字练习	弹力带深蹲	—
	站姿“L”字练习	弹力带前行、侧行、后退	—
	—	弹力带外旋	—

2. 动作准备训练方法筛选

现在运动训练的准备活动更加科学、有效，其中动作准备是目前运动训练准备活动中较为突出的一部分。一般来讲，动作准备包括动态拉伸、动作整合两大部分（表 5－20）。

表 5－20　动作准备训练方法

动态拉伸					动作整合		
头颈肩部	上肢	下肢	躯干	全身拉伸	基本姿势	快速伸缩复合	动作技能
头侧弯（斜角肌）	振臂运动	抱膝前行	扩胸运动（胸部肌群）	足跟抵臀手上举	双腿运动姿	双腿跳跃	侧滑步
头异侧脚尖前倾（肩胛提肌）	手臂绕环运动	摇篮抱腿	拜月式（腹直肌）	弓步转体	单腿运动姿	单腿跳跃	切步
头侧弯同侧旋转（斜方肌）	坐姿脚踩异侧手转体（菱形肌）	侧压腿	坐姿俯身（背部肌群）	反向燕式平衡	—	交换跳跃	后撤步
头前倾（头夹肌）	跪姿后坐（背阔肌）	内摆连	卧姿转体（腹内外斜肌）	虫子爬	—	双接触跳跃	交叉步
头后仰（颈阔肌）	交叉手水平前伸（小臂肌群）	外摆连	—	伟大拉伸（复合拉伸）	—	—	开放步
头后仰异侧旋转（胸锁乳突肌）	—	正踢腿	—	—	—	—	军步走
—	—	—	—	—	—	—	小步跑
—	—	—	—	—	—	—	高抬腿
—	—	—	—	—	—	—	后蹬跑
—	—	—	—	—	—	—	后退跑

动态拉伸指有节奏控制的、速度稍快的多次重复同一动作的拉伸方法，一般在准备活动中运用，可以与专项动作结合。一般情况下，准备活动的动态拉伸每个动作持续 1～2 秒，在拉伸到顶峰时稍停顿，单个动作重复 4～6 次，完成 1～2 组；矫正训练的动态拉伸每个动作保持 2 秒，重复 4～6 次，1 组即可。整合多关节参与到单个动态拉伸动作中，容易模仿或接近专项动作的复合形式，对肌肉力量、肌肉收缩速度有较高的

要求，能够帮助机体做好专项准备。相比静态拉伸，动态拉伸肌张力变化峰值较高，能够引起肌肉的牵张反射，且这类方法不仅可以提高肌肉的伸展性和收缩性，还可以促进血液循环，从而提高肌肉的弹性和动作效果。一般来讲，动态拉伸(4～8 个动作)包括扩胸、振臂、侧弓步、后交叉弓步、抱膝前进、摇篮抱腿、后弓步旋转、伟大拉伸等。

动作整合训练是在肌筋膜释放训练、核心区激活训练的基础上进一步整合和优化神经系统与肌肉系统，协同执行跨越各个肌筋膜链和动力链的多维度动作的基本途径。基于竞技就是动作的出发点，动作技能整合练习就是动作模式练习。动作整合中强调在身体整体动力链的参与下，建立起在神经支配下各运动系统之间的联系，使身体各环节有序地组合运动，从而强化正确的动作模式。一般来讲，动作整合（4～6 个动作）包括直腿军步走、直腿垫步跳、纵向和横向军步走等。

3. 神经准备训练方法筛选

神经系统激活是身体功能损伤预防训练区别于传统的运动损伤预防训练的一个重要标志，通过神经系统激活可以使练习者在短时间内快速提高神经系统的兴奋性和神经—肌肉之间的传导速度。传统的热身活动很重视肌肉的激活或练习，但较少涉及神经系统的激活。神经系统激活是热身活动更全面的、深层次的、全方位的重要组成部分。神经系统激活主要采用快速动作的方式进行训练，目前常见的神经系统激活训练方式有 2 英寸（约 5.1cm）碎步跑、快速跳、快速转髋等方式，神经系统激活训练一般选择 4～6 个动作，单个动作 10～20 秒或 5～10m。

（二）恢复再生训练方法筛选

恢复是通过适当的身体活动和适宜的补给，帮助运动员在生理和心理上解决训练和比赛所导致的身体及心理疲劳问题，帮助机体恢复。再生是通过有目的、有计划的训练，帮助运动员从沉重的训练中恢复过来，相当于维修和保养。目前，运用较多的恢复再生训练方法主要包括结构恢复和功能恢复，其中结构恢复主要包括肌筋膜梳理和扳机点松解，其训练方法和准备活动中的软组织准备类似；功能恢复主要包括静态拉伸、呼吸放松、冷热水交替、氮气浴等。本研究只介绍静态拉伸和呼吸放松。

静态拉伸指通过缓慢的动作将肌肉、韧带等软组织拉长到一定程度时，保持静止不动状态的练习方法。静态拉伸能够改善关节活动范围、缓解机体疲劳、减少运动损伤。静态拉伸动作缓慢，不会引起牵张反射，当时间足够长时激活腱器官，促使肌肉放松。相关研究表明，静态拉伸会暂时降低肌肉的力量、爆发力、速度、力量耐力、反应时间和动作时间。因此，静态拉伸是训练和比赛后常用的恢复手段，拉伸时间为 10～60 秒，2～3 次。

静态拉伸顺序为自下而上、从大到小，运动后血液聚集到下肢静脉和毛细血管网，自下而上拉伸可以促进血液回流。此外，运动后大肌肉群的血液停留较多、大肌肉群的肌张力增加较多，应该采用由大到小的顺序拉伸（表 5-21）。

表 5-21　静态拉伸部位

下肢	躯干	上肢	头颈
小腿后侧	腹部	肩部	颈部前侧
小腿前侧	背部	大臂	颈部后侧
小腿外侧	躯干两侧	小臂	颈部两侧
大腿前侧	胸部	—	—
大腿后侧	—	—	—
大腿内侧	—	—	—
大腿外侧	—	—	—
腹股沟	—	—	—
臀部后侧	—	—	—
臀部外侧	—	—	—

运动训练中呼吸放松主要包括腹式呼吸和完全呼吸，其中腹式呼吸的步骤为：①两手的拇指和食指做出三角状，放在肚脐中心位置。②两鼻孔慢慢地吸气，放松腹部，感觉空气被吸向腹部，手能感觉到腹部越抬越高，实际上横膈膜下降，将空气压入腹部底层。吐气时，慢慢收缩腹部肌肉，横膈膜上升，将空气排出肺部。吐气时间是吸气时间的 2 倍。完整呼吸的步骤为：①吐净气，慢慢地往腹部吸气，像要把腹部胀起一样，把腹部充满的空气提升到胸部，接下来一边吸气一边提肩，使空气提到喉咙里。②使腹部慢慢地瘪下去，缩胸，放下肩部，吐气。

（三）灵活性训练方法筛选

灵活性包括关节活动度和肌肉延展性（柔韧性），其中关节活动度指由关节的结构所体现出的活动范围，肌肉延展性指与关节连接的肌肉、筋膜、韧带等组织的活动范围。因此软组织梳理、拉伸、呼吸等形式均能够提高运动员的灵活性，其中软组织梳理、动态拉伸、静态拉伸、呼吸放松等方式请参考准备活动部分内容，而该部分重点介绍 PNF 拉伸、AIS 拉伸、关节松动术。

PNF 拉伸[94]以人体螺旋对角线运动模式为基础，通过刺激人体本体感受器来激活和募集最大数量的运动肌纤维参与活动，促进主动肌和拮抗肌的交互收缩及放松，从而增强脊神经的兴奋、抑制的转化能力，改变肌肉的张力，并且可以有效地扩大关节活动范围。PNF 拉伸在训练实践中，从练习形式上看和静力性伸展方法相似，但机理上有本质的不同。PNF 拉伸的生理学理论依据是利用逆牵张反射（自主抑制）达到放松肌肉的目的，使肌肉做等长收缩，会对肌肉产生强烈的刺激，肌肉中的腱梭会将信号传入中枢神经，反射性地使肌肉放松，导致逆牵张反射的产生。也就是说，被牵拉肌肉的主动收缩能抵消所产生的牵张反射，其收缩后放松加大，再者就是拮抗肌的收缩也可以加大主动肌的放松（图 5－47）。

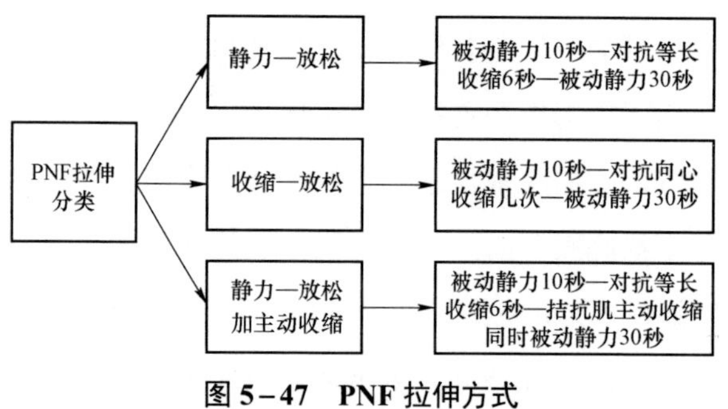

图 5-47 PNF 拉伸方式

AIS 拉伸是艾伦·马特斯（Aaron Matters）提出的一种拉伸方法，其机理是通过主动肌和拮抗肌交互抑制，增加肌肉的柔韧性以及关节活动度。在牵拉肌肉之前先主动收缩拮抗肌，然后单独对目标肌肉进行助力式牵拉，在助力牵拉的过程中要注意缓慢用力，每 1.5～2 秒的持续时间内增加的助力不超过 1 磅，然后回到起始位置，通常一侧肌肉 8～10 次。一般不超过原有活动幅度的 6%～10%，在运动员可忍受的范围内拉伸，尽量不要出现疼痛。AIS 拉伸的主要原理是交互抑制，助力牵拉过程中要缓慢用力，1.5～2 秒的缓慢拉伸可避免牵张反射的产生。AIS 拉伸能够改善局部血液循环和有氧代谢，加快氧气与营养向机体的转运速率，有效增加肌肉的柔韧性、关节灵活性、筋膜弹性，有助于恢复浅层、深层筋膜的生理机能。同时神经肌肉协调性得到改善，预防大负荷运动引起的外周神经系统疲劳，从而延缓运动性疲劳。

关节松动技术是治疗者在关节活动可动范围内完成的一种针对性很强的手法操作技术，属被动运动范畴，其操作速度比推拿速度慢，在应用时常选择关节的生理运动和附属运动作为干预手段。一般手法或大幅度活动时，节律约为每秒 1 次；强手法或小幅度活动时，节律约为每秒 2～3 次。一个部位每次一般干预 30～60 秒后，间歇 1 分钟左右，重复 2～3 次。然后进行重要症状和体征的复查，评价疗效。通常再重复 1～2 遍上述干预，若干预后灵活性明显降低则需调整治疗技术。次日干预前复查主要阳性临床表现，评价效果，以此为根据进行干预技术选择。关节松动术一般见效较快，若数天干预无效，则应考虑改用其他干预手段。干预手法主要包括摆动、滚动、滑动、旋转、分离和牵拉[95]。

摆动：骨的杠杆样的运动叫摆动，即生理运动，摆动时要固定关节近端，关节远端做往返运动。摆动必须在 ROM（关节活动度）＞60%（正常）时才可应用。

滚动：当一块骨在另一块骨表面发生滚动时，两块骨的表面形状必然不一致，接触点同时变化，所发生的运动为成角运动，其滚动的方向总是朝向成角骨运动的方向，常伴随着关节的滑动和旋转。

滑动：当一块骨在另一块骨上滑动时，如为单纯滑动，两骨表面形状必须一致，或是平面，或是曲面（两骨面的凹凸程度必须相等）。滑动时，一侧骨表面的同一个点接触对侧骨表面的不同点。滑动方向取决于运动骨关节面的凹凸形状（凸出：滑动方向与成角骨运动方向相反；凹陷：滑动方向与成角骨运动方向相同），关节表面形状越接近，滑动就越多；关节表面形状越不一致，滚动就越多。临床应用时，滑动可以缓解疼痛，合并牵拉可以松解关节囊，使关节放松，改善关节活动范围，因此应用较多。

旋转：旋转是指移动在静止骨表面绕旋转轴转动，旋转时，移动表面的同一点做圆周运动。旋转常与滑动、滚动同时发生，很少单独作用。

分离和牵拉：分离和牵拉称为牵引。分离：当外力作用使构成关节两骨表面呈直角相互分开时称分离或关节内牵引。牵拉：当外力作用于骨长轴使关节远端移位时，称长轴牵引。分离是外力与关节面垂直，两关节必须分开；牵拉是外力与骨长轴平行，关节面可以不分开。

（四）平衡稳定性训练方法筛选

平衡泛指人类所处的一种稳定状态，以及不论处于何种位置、状态，或受到外力作用时，能够自动调整并维持姿势的能力。平衡主要包括静态平衡、动态平衡、反应平衡三大类，其中静态平衡指身体不动时，维持身体处于某种姿势的能力，如坐立、双脚站立、单脚站立、平衡木等；

动态平衡指运动过程中，调整和控制身体姿势稳定的能力，如坐下、站起、行走，在不稳定器械上进行训练等，反映人体随意动作的能力；反应平衡指身体受到外力干扰，破坏平衡状态时，人体做出保护性调整反应以维持或建立新的平衡的能力，如保护性伸展、保护性迈步等。平衡性指重量均匀分布在垂直轴的每一侧产生的稳定状态，稳定性指稳固的质量、状态或程度（表 5–22）。

表 5–22 平衡稳定性训练方法

静态平衡稳定训练	动态平衡稳定训练	反应平衡稳定训练
睁眼单脚站立	稳定支撑走	阻力扰动
闭眼单脚站立	稳定支撑跑	助力扰动
单脚站立异侧脚运动	稳定支撑跳	—
单脚站立手运动	稳定支撑爬	—
稳定支撑桥式	非稳定支撑走	—
—	非稳定支撑跑	—
—	非稳定支撑跳	—
—	非稳定支撑爬	—
—	非稳定支撑桥式	—

三、我国校园足球身体素质训练方法筛选

（一）力量训练方法筛选

力量指肌肉在紧张或收缩时所表现出的一种能力。目前最大力量、快速力量、力量耐力是常见的力量素质分类。其中，最大力量指肌肉通过最大随意收缩（不刻意要求动作速度）克服阻力所表现出的最大力值。力量耐力指在静力工作中长时间保持肌紧张或者在动力工作中多次完成相应强度的肌收缩的能力。而快速力量主要分为启动力量、制动力量、反应力量（快速伸缩复合力量）、爆发力，其中启动力量指在静止状态（预

备或起始姿势）下快速发力的能力，即在最短的时间内（0.05 秒）最快地发挥出肌肉的力量，是神经肌肉系统从工作开始尽可能快地提升力量发展率的能力；制动力量指在迅速改变运动方向的过程中，肌肉克服阻力，产生最大负荷加速的能力，即以较高加速度向相反方向运动的能力；反应力量（快速伸缩复合练习）指肌肉在快速拉长后快速收缩的能力，与神经肌肉支配的结构和肌腱系统的机能相关（肌肉弹性、肌肉收缩力）；爆发力指张力已经开始增加的肌肉以最快的速度克服阻力的能力。

力量素质是校园足球运动的基础素质，力量训练是校园足球课余训练的重要组成部分。本研究以推、拉、旋转等动作模式的形式分析上肢（表 5–23）、下肢（表 5–24）、全身（表 5–25）和核心区（表 5–26）的基础力量训练，以便能客观认识和掌握上肢、下肢和全身基础力量训练的手段，为基础力量的教学和训练提供理论参考与实践指导。由于人体运动链的系统性和连续性，本研究中上肢的力量训练涉及上肢和部分躯干，下肢的力量训练涉及下肢和部分躯干。

表 5–23　上肢力量训练方法

推	拉	旋转
双手水平推	双手水平拉	坐姿上提
交换水平推	交换水平拉	坐姿下砍
单手水平推	单手水平拉	跪姿上提
双手垂直推	双手垂直拉	跪姿下砍
交换垂直推	交换垂直拉	半跪姿上提
单手垂直推	单手垂直拉	半跪姿下砍
双手多方向推	双手多方向拉	分腿姿上提
交换多方向推	交换多方向拉	分腿姿下砍
单手多方向推	单手多方向拉	站姿上提
—	—	站姿下砍

表 5－24　下肢力量训练方法

推	拉	旋转
双脚水平推	髋关节主导水平拉	站姿水平旋转
交换水平推	髋关节主导垂直拉	站姿垂直旋转
单脚水平推	膝关节主导水平拉	—
双脚垂直推	膝关节主导垂直拉	—
交换垂直推	—	—
单脚垂直推	—	—
双脚多方向推	—	—
交换多方向推	—	—
单脚多方向推	—	—

表 5－25　全身力量训练方法

推	拉	旋转
双侧垂直推	双侧垂直拉	站姿水平旋转
交换垂直推	交换垂直拉	站姿垂直旋转
单侧垂直推	单侧垂直拉	站姿多方向旋转
双侧水平推	双侧水平拉	—
交换水平推	交换水平拉	—
单侧水平推	单侧水平拉	—
双侧多方向推	双侧多方向拉	—
交换多方向推	交换多方向拉	—
单侧多方向推	单侧多方向拉	—

表 5－26　核心区力量训练方法

核心稳定性	核心力量	核心爆发力
稳定支撑腹桥	卷腹	抛药球
稳定支撑侧桥	瑞士球滚动	各种跳跃
稳定支撑背桥（或臀桥）	腹肌轮滚动	—
非稳定支撑腹桥	抗阻仰卧挺髋	—
非稳定支撑侧桥	俯卧撑	—
非稳定支撑背桥	雨刮式摆腿	—
上肢引导滚动	平板撑单臂推举	—
下肢引导滚动	平板撑单臂下拉	—
—	跪姿弹力带抗旋	—

（二）速度训练方法筛选

速度素质是指人体或人体某部位快速运动的能力，也就是人体或人体某一部位快速做出运动反应、快速完成动作、快速移动的能力。速度素质包括反应速度、动作速度和移动速度。反应速度是指人体对各种信号刺激（声、光、触等）快速应答的能力。由于运动员对不同类型信号的反应时是不同的，训练中往往根据不同项目的特点测定运动员对特定信号的反应时。动作速度是指人体或人体某一部分快速完成动作的能力。动作速度是技术动作不可缺少的要素，表现为人体完成某一技术动作时的挥摆速度、击打速度、蹬伸速度、踢踹速度等，此外还包含在单位时间内连续完成单个动作时重复的次数（动作频率）。移动速度是指人体在特定方向上位移的速度，以单位时间内机体移动的距离为评定指标。从运动学上讲，移动速度是距离（S）与通过该距离所用的时间（t）之比。根据校园足球的速度项目特征，结合目前国内外速度训练实践经验，在遵循反应速度、动作速度、移动速度的分类基础上，本研究将校园足球的速度训练主要分为启动速度训练、加速训练、最大速度训练、减速制动训练和多方向速度训练（表 5－27）。

表 5－27 速度训练方法

启动速度训练	加速训练	最大速度训练	减速制动训练	多方向速度训练
视—动反应训练	—	—	—	“M”形跑
听—动反应训练	站姿追球跑	平地跑	前进跑制动	“W”形跑
接反弹网球训练	蹲姿追球跑	上坡跑	后退跑制动	“L”形跑
单双数反应追逐训练	坐姿追球跑	下坡跑	侧向跑制动	“V”形跑
多角球反应	连续小跳口令加速	抗阻跑	多方向跑制动	“X”形跑
—	半蹲姿接加速跑	牵引跑	—	“S”形跑
—	两点式加速跑	—	—	折返跑
—	蹲踞式直线加速跑	—	—	—
—	俯卧撑加速跑	—	—	—

（三）耐力训练方法筛选

耐力素质是指机体在一定时间内保持特定强度负荷或动作质量的能力。“一定时间”是指不同专项对运动时间的规定性，保持特定运动强度或动作质量是耐力水平的体现。耐力水平的提高表现为更长时间保持特定强度或动作质量，或在一定时间内承受更高强度的能力。运动员要在竞赛全过程保持特定的运动强度或动作质量，就必须具备良好的耐力素质。耐力主要分为肌肉耐力、心血管耐力，其中肌肉耐力训练方法参考力量训练方法；心血管耐力训练主要分为有氧耐力训练、无氧耐力训练、混氧耐力训练，可采用以下训练方法，选择科学的训练手段进行训练（表 5－28）。

表 5－28　心血管耐力训练方法

有氧耐力训练	无氧耐力训练	混氧耐力训练
长距离慢速训练法（LSD）	比赛/计时法	有氧+无氧间歇训练法
速度/节奏法	距离/持续时间法	法特莱克法
间歇训练法	间歇训练法	持续变速训练法
重复训练法	重复训练法	—
法特莱克法	—	—

（四）灵敏训练方法筛选

灵敏指突然变换条件的情况下，运动员改变身体空间位置和运动方向的技术和能力。灵敏素质可分为开放式灵敏和封闭式灵敏两大类。校园足球灵敏训练的主要方法如表 5－29 所示。

表 5-29 灵敏训练方法

开放式灵敏训练	封闭式灵敏训练
移动目标法	直线训练
信号刺激法	标志桶训练
反应选择法	绳梯训练
—	小栏架训练
—	圆点训练

（五）协调能力训练方法筛选

协调能力是指人体运动时机体各器官系统、各运动部位配合一致，合理有效地完成特定技术动作的能力，是在技术动作行为发生过程中神经、肌肉、感知觉三大系统之间合理配合、快速一致地完成动作的结果。协调能力是神经控制能力、节奏变化能力、动作衔接能力、空间定向能力、身体平衡能力、视听分辨能力、应变反应能力以及本体感知能力等多种能力的综合，其本质是对各种能力的协同整合与肌力的叠加传递，并在此基础上增加运动的速度和肢体鞭打的力度。本研究认为，校园足球运动的协调能力主要表现为视—动协调能力、听—动协调能力、肢体协调能力，可采用不同信号刺激、器材设施针对性地进行训练（表 5-30）。

表 5-30 协调能力训练方法

视—动协调能力训练	听—动协调能力训练	肢体协调能力训练
视—上肢协调能力训练	听—上肢协调能力训练	上肢协调能力训练
视—下肢协调能力训练	听—下肢协调能力训练	下肢协调能力训练
视—全身协调能力训练	听—全身协调能力训练	全身协调能力训练

第七节　我国校园足球课余训练内容体系的实践

人类认识和科学发现的过程是理论到实践、实践到理论的过程，校园足球课余训练作为人类的实践活动，其内容体系的构建和检验也必须遵循理论结合实践的逻辑思路。基于此，本研究选择小学、初中、高中三个学龄段进行了实验研究。该系列实验研究以内容体系构建和应用设计的研究成果为基础，根据不同学龄段抽取针对性的训练内容和方法，进行为期 16 周的教学实验。因变量选择方面，专业技能测试采用《学生足球运动技能等级评定标准（试行）》中的指标为因变量；鉴于目前没有校园足球中小学体能测试的专业和权威指标及常模，故而体质和体能的测试采用《国家学生体质健康标准》中的指标为因变量。

一、校园足球课余训练小学阶段的实验研究

（一）前测结果

实验前，对实验组和对照组的专业技能与体能指标进行测量，为验证各组同质性，以不同组别为自变量，以颠球、拨球、往返运球、踢准、冲刺跑、小场地比赛、BMI（身体质量指数）、肺活量、50m 跑、坐位体前屈、跳绳、仰卧起坐、总分为因变量，采用 SPSS 16.0 进行两独立样本 t 检验，结果发现实验前各组上述指标的差异不具有统计学意义（t=0.132～1.547，P＞0.05），可以认为本实验中对照组和实验组的学生初始水平基本一致（表 5－31）。

表 5－31　实验前测结果

专业技能测试结果						体能指标测试结果					
指标	组别	频数/人	平均数	*t*	*P*	指标	组别	频数/人	平均数	*t*	*P*
颠球、拨球	对照组	25	7.667	1.304	0.231	BMI	对照组	25	70.000	0.435	0.667
	实验组	25	6.615				实验组	25	72.308		
往返运球	对照组	25	19.500	0.323	0.749	肺活量	对照组	25	69.000	0.908	0.373
	实验组	25	19.077				实验组	25	65.462		
踢准	对照组	25	17.333	0.719	0.479	50m 跑	对照组	25	55.167	0.743	0.465
	实验组	25	16.385				实验组	25	50.846		
冲刺跑	对照组	25	10.917	1.001	0.327	坐位体前屈	对照组	25	77.750	0.987	0.348
	实验组	25	9.538				实验组	25	78.154		
小场地比赛	对照组	25	16.917	0.513	0.613	跳绳	对照组	25	59.583	0.875	0.391
	实验组	25	16.538				实验组	25	53.615		
总分	对照组	25	72.333	1.547	0.135	仰卧起坐	对照组	25	56.417	0.618	0.543
	实验组	25	67.154				实验组	25	61.000		
						总分	对照组	25	62.992	0.132	0.896
							实验组	25	63.288		

（二）后测结果

实验后发现，实验组和对照组的专业技能测试和体能指标测试得分的差异具有显著性（t=2.231～6.646，P＜0.05），实验组的得分明显高于对照组。具体表现为：在专业技能测试得分方面，踢准和专业技能测试总分的差异非常显著（P＜0.01），颠球、拨球、往返运球、冲刺跑、小场地比赛的单项专业技能测试得分差异也达到显著性程度（P＜0.05）；在体能指标测试得分方面，肺活量、50m 跑、坐位体前屈、跳绳、体能指标测试总分的差异达到非常显著性程度（P＜0.01），而仰卧起坐、BMI 的得分差异也达到显著性程度（P＜0.05）（表 5－32）。

表 5-32　实验后测结果

专业技能测试结果						体能指标测试结果					
指标	组别	频数/人	平均数	*t*	*P*	指标	组别	频数/人	平均数	*t*	*P*
颠球、拨球	对照组	25	6.600	2.622	0.012	BMI	对照组	25	71.200	2.400	0.020
	实验组	25	8.040				实验组	25	80.000		
往返运球	对照组	25	19.280	2.507	0.016	肺活量	对照组	25	67.160	3.660	0.001
	实验组	25	21.400				实验组	25	77.680		
踢准	对照组	25	16.840	2.827	0.007	50m 跑	对照组	25	52.920	3.203	0.002
	实验组	25	19.440				实验组	25	67.680		
冲刺跑	对照组	25	10.200	2.385	0.021	坐位体前屈	对照组	25	73.160	3.497	0.001
	实验组	25	12.160				实验组	25	84.520		
小场地比赛	对照组	25	16.720	2.231	0.030	跳绳	对照组	25	56.480	3.050	0.004
	实验组	25	18.480				实验组	25	70.160		
总分	对照组	25	69.640	4.706	0.000	仰卧起坐	对照组	25	58.800	2.603	0.012
	实验组	25	79.200				实验组	25	71.480		
						总分	对照组	25	63.146	6.646	0.000
							实验组	25	75.272		

二、校园足球课余训练初中阶段的实验研究

（一）前测结果

实验前，对实验组和对照组的专业技能及体能指标进行测量，本实验共分 2 组，为验证各组同质性，以不同组别为自变量，以行进颠球、绕杆运球、运球踢准、绕杆跑、小场地比赛、BMI、肺活量、50m 跑、坐位体前屈、立定跳远、引体向上、1000m 跑、总分为因变量，采用 SPSS 16.0 进行两独立样本 *t* 检验，结果发现实验前各组上述指标的差异不具

有统计学意义（t=0.102～1.423，P＞0.05），可以认为本实验中对照组和实验组的学生初始水平基本一致（表 5－33）。

表 5－33　实验前测结果

专业技能测试结果						体能指标测试结果					
指标	组别	频数/人	平均数	t	P	指标	组别	频数/人	平均数	t	P
行进颠球	对照组	25	6.417	0.202	0.842	BMI	对照组	25	71.667	0.419	0.679
	实验组	25	6.538				实验组	25	73.846		
绕杆运球	对照组	25	17.250	1.032	0.313	肺活量	对照组	25	75.500	0.811	0.426
	实验组	25	16.154				实验组	25	79.846		
运球踢准	对照组	25	16.417	0.637	0.531	50m 跑	对照组	25	72.083	0.601	0.554
	实验组	25	15.692				实验组	25	75.692		
绕杆跑	对照组	25	10.000	0.970	0.342	坐位体前屈	对照组	25	80.250	1.423	0.168
	实验组	25	11.308				实验组	25	71.692		
小场地比赛	对照组	25	28.833	0.668	0.511	立定跳远	对照组	25	76.667	0.203	0.841
	实验组	25	27.923				实验组	25	75.462		
总分	对照组	25	78.917	0.453	0.655	引体向上	对照组	25	74.667	1.231	0.231
	实验组	25	77.615				实验组	25	70.231		
						1000m 跑	对照组	25	70.833	0.866	0.396
							实验组	25	67.231		
						总分	对照组	25	71.667	0.102	0.919
							实验组	25	73.846		

（二）后测结果

实验后发现，实验组和对照组的专业技能测试和体能指标测试得分的差异具有显著性（t=1.658～5.365，P＜0.05），实验组的得分明显高于对照组。具体表现为：在专业技能测试得分方面，绕杆运球、绕杆跑、专业技能测试总分的差异非常显著（$P<0.01$），行进颠球、运球踢准的单项专业技能得分差异也达到显著性程度（$P<0.05$）；在体能指标测试得分方面，引体向上、1000m 跑和体能指标测试总分的差异达到非常显著性程度（$P<0.01$），BMI、肺活量、50m 跑、坐位体前屈、立定跳远的得分差异也达到显著性程度（$P<0.05$）（表 5－34）。

表 5－34　实验后测结果

专业技能测试结果						体能指标测试结果					
指标	组别	频数/人	平均数	t	P	指标	组别	频数/人	平均数	t	P
行进颠球	对照组	25	6.480	2.427	0.019	BMI	对照组	25	72.800	2.396	0.021
	实验组	25	7.400				实验组	25	80.800		
绕杆运球	对照组	25	16.680	3.016	0.004	肺活量	对照组	25	77.760	2.145	0.037
	实验组	25	18.720				实验组	25	84.720		
运球踢准	对照组	25	16.040	2.620	0.012	50m 跑	对照组	25	73.960	2.620	0.012
	实验组	25	18.320				实验组	25	82.480		
绕杆跑	对照组	25	10.680	4.022	0.000	坐位体前屈	对照组	25	75.800	2.246	0.029
	实验组	25	13.920				实验组	25	83.840		
小场地比赛	对照组	25	28.360	1.658	0.104	立定跳远	对照组	25	76.040	2.466	0.017
	实验组	25	29.880				实验组	25	84.520		
总分	对照组	25	78.240	5.359	0.000	引体向上	对照组	25	72.360	3.358	0.002
	实验组	25	88.240				实验组	25	80.120		
						1000m 跑	对照组	25	68.960	3.830	0.000
							实验组	25	79.720		
						总分	对照组	25	73.676	5.365	0.000
							实验组	25	81.952		

三、校园足球课余训练高中阶段的实验研究

（一）前测结果

实验前，对实验组和对照组的专业技能及体能指标进行测量，本实验共分 2 组，为验证各组同质性，以不同组别为自变量，以头颠球、折线运球、定位球踢准、多向绕杆跑、比赛、BMI、肺活量、50m 跑、坐位体前屈、立定跳远、引体向上、1000m 跑、总分为因变量，采用 SPSS 16.0 进行两独立样本 *t* 检验，结果发现实验前各组上述指标的差异不具有统计学意义（t=0.037～1.191，P＞0.05），可以认为本实验中对照组和实验组的学生初始水平基本一致（表 5－35）。

表 5－35　实验前测结果

专业技能测试结果						体能指标测试结果					
指标	组别	频数/人	平均数	t	P	指标	组别	频数/人	平均数	t	P
头颠球	对照组	25	7.667	0.600	0.555	BMI	对照组	25	73.333	0.410	0.685
	实验组	25	7.308				实验组	25	75.385		
折线运球	对照组	25	16.333	1.191	0.246	肺活量	对照组	25	80.750	0.372	0.713
	实验组	25	15.077				实验组	25	78.769		
定位球踢准	对照组	25	16.000	0.067	0.947	50m 跑	对照组	25	77.250	0.294	0.771
	实验组	25	16.077				实验组	25	75.615		
多向绕杆跑	对照组	25	6.667	1.348	0.191	坐位体前屈	对照组	25	77.417	0.054	0.957
	实验组	25	7.462				实验组	25	77.077		
比赛	对照组	25	29.333	0.037	0.971	立定跳远	对照组	25	80.333	0.559	0.582
	实验组	25	29.385				实验组	25	78.154		
总分	对照组	25	76.000	0.292	0.773	引体向上	对照组	25	77.250	0.335	0.740
	实验组	25	75.308				实验组	25	78.154		
						1000m 跑	对照组	25	72.500	0.545	0.591
							实验组	25	74.000		
						总分	对照组	25	76.563	0.084	0.934
							实验组	25	76.385		

（二）后测结果

实验后发现，实验组和对照组的专业技能及体能测试得分的差异具有显著性（t=2.071～5.869，P＜0.05），实验组的得分明显高于对照组。具体表现为：在专业技能测试得分方面，专业技能测试总分的差异非常显著（P＜0.01），头颠球、折线运球、定位球踢准、多向绕杆跑、比赛的单项专业技能测试得分差异也达到显著性程度（P＜0.05）；在体能指标测试得分方面，引体向上、1000m 跑和体能指标测试总分的差异达到非常显著性程度（P＜0.01），BMI、肺活量、50m 跑、坐位体前屈、立定跳远的得分差异也达到显著性程度（P＜0.05）（表 5－36）。

表 5－36　实验后测结果

专业技能测试结果						体能指标测试结果					
指标	组别	频数/人	平均数	t	P	指标	实验前后	频数/人	平均数	t	P
头颠球	对照组	25	7.480	2.427	0.019	BMI	对照组	25	74.400	2.649	0.011
	实验组	25	8.400				实验组	25	82.400		
折线运球	对照组	25	15.680	2.170	0.035	肺活量	对照组	25	79.720	2.411	0.020
	实验组	25	17.240				实验组	25	87.240		
定位球踢准	对照组	25	16.040	2.620	0.012	50m 跑	对照组	25	76.400	2.297	0.026
	实验组	25	18.320				实验组	25	83.360		
多向绕杆跑	对照组	25	7.080	2.255	0.029	坐位体前屈	对照组	25	77.240	2.285	0.027
	实验组	25	8.000				实验组	25	85.360		
比赛	对照组	25	29.360	2.071	0.044	立定跳远	对照组	25	79.200	2.377	0.021
	实验组	25	31.240				实验组	25	85.600		
总分	对照组	25	75.640	5.217	0.000	引体向上	对照组	25	77.720	4.163	0.000
	实验组	25	83.200				实验组	25	85.440		
						1000m 跑	对照组	25	73.280	4.393	0.000
							实验组	25	82.240		
						总分	对照组	25	76.470	5.869	0.000
							实验组	25	84.206		

通过本章研究可知，校园足球课余训练的流程应该主要包括测量与评估、目标制订、计划制订、内容筛选、方法筛选、训练实施、效果评价等，且训练监控贯穿全过程，以不断发现问题并进行修正，而整个训练流程以运动训练的周期设计为指导。校园足球课余训练的周期设计主要包括多年训练阶段、大周期、中周期、小周期等几种周期，其中多年训练阶段可以是3～5年乃至更长的周期，大周期一般以一年或半年为单位，中周期一般以月为单位，小周期一般以周为单位。

校园足球课余训练负荷主要包括标准负荷、线性递增负荷、阶梯负荷、集中负荷、共轭序列负荷、平台式负荷，其中标准负荷、线性递增负荷在校园足球课余训练中采用较少，阶梯负荷应该作为校园足球课余训练的常用负荷，而当运动员水平相对较高时，可以适当采用集中负荷、共轭序列负荷和平台式负荷。训练计划是运动训练实施的主要依据，是保证运动训练效果的重要环节。校园足球课余训练实施的组织规划必须依据科学的原理和原则，注重力量素质、耐力素质、速度素质、灵敏素质、灵活性、平衡稳定、协调能力训练计划的理论设计；并按照运动员长期发展规划、儿童青少年身体素质发展敏感期等基本原理和规律，筛选不同学龄段校园足球的训练内容和方法手段。

本章研究根据小学、初中、高中阶段校园足球课余训练的内容、学生身体特点等，结合构建的内容体系和方法手段，根据实验方案对不同阶段校园足球的课余训练进行实验干预，结果发现实验后实验对象的专业技能和体能指标均有一定程度的提高，具体表现为实验组的得分比对照组高，且实验组和对照组的得分差异具有统计学意义。因此，研究认为实验方案对提高小学、初中、高中阶段校园足球课余训练的相关专业技能和体能是有积极作用的。

附　录

附录1：我国校园足球试点学校足球课余训练内容调查问卷

尊敬的教练员、教师：

您好，我们是“我国校园足球课余训练内容研究”（教育部人文社会科学研究者基金项目）课题组，为调查目前我国校园足球试点学校的足球课余训练的内容状况，我们特设计了此问卷。请您根据贵校和您的实际情况及您的想法填写。此问卷匿名填写，回答无对错之分，所调查内容只供研究使用。非常感谢您的支持和帮助！

“基于动作模式的我国校园足球课余训练内容研究”课题组

一、单选题（请您选择相应的选项，画横线的部分请您根据实际情况填写。）

1. 贵校是否开展校园足球课余训练（若选“是”请继续答题，若选“否”请不要继续答题。）

○ 是　○ 否

2. 您的性别

○ 男　○ 女

3. 您的年龄段

○ 18 岁以下　○ 18～25 岁　○ 26～30 岁　○ 31～40 岁　○ 41～50 岁

○ 51～60 岁　○ 60 岁以上

4. 您的学历

○ 博士研究生　○ 硕士研究生　○ 大学本科　○ 大学专科

○ 其他 ________________

5. 您的足球运动等级

○ 一级运动员及以上　○ 二级运动员　○ 三级运动员及以下

6. 您从事体育教育工作

○ 5 年以下　○ 6～10 年　○ 11～15 年　○ 16～20 年

○ 21～25 年　○ 26～30 年　○ 31 年以上

7. 您从事校园足球教学和训练工作

○ 5 年以下　○ 6～10 年　○ 11～15 年　○ 15 年以上

8. 您的职称

○ 高级职称　○ 中级职称　○ 初级职称

9. 您的毕业院校

○ 体育专业院校　○ 普通高等师范院校　○ 普通高等综合院校

○ 其他 ________________

10. 您在校期间所学专业

○ 足球专业　○ 非足球专业

11. 您学校所在地区

○安徽 ○北京 ○重庆 ○福建 ○甘肃　○广东 ○广西 ○贵州 ○云南

○上海 ○四川 ○ 海南○河北 ○黑龙江○河南 ○香港 ○湖北 ○湖南

○江苏 ○浙江 ○山西 ○新疆 ○江西　○吉林 ○辽宁 ○澳门 ○内蒙古

○宁夏 ○青海 ○山东 ○西藏 ○陕西　○天津 ○台湾

12. 您所在的城市是

○ 一线城市　○ 二线城市　○ 三线城市

13. 您所任教的年级阶段是

○ 小学　○ 初中　○ 高中

14. 贵校是否重视校园足球课余训练

○ 非常重视　○ 比较重视　○ 一般重视　○ 比较不重视　○ 非常不重视

15. 贵校每周开展校园足球课余训练的次数

○ 1 次及以下　○ 2～3 次　○ 4 次以上　○ 其他 ________________

16. 贵校校园足球单次训练课的时间

○ 45 分钟及以下　○ 46 分钟以上　○ 其他 ________________

17. 贵校校园足球训练的时间段

○ 上午　○ 下午　○ 其他 ________________

18. 贵校校园足球教师、教练员数量

○ 1～2 名　○ 3～4 名　○ 5～6 名　○ 其他 ________________

19. 您认为贵校校园足球课余训练的教师、教练员数量是否充足?

○ 充足　○ 不充足

20. 贵校是否有专门管理校园足球课余训练的机构？如果有请填写相关机构

○ 有 ________________ ○ 无

21. 您是否参加过校园足球专项师资培训及参加次数？如果有请填写参加次数

○ 是 ________________ ○ 否

22. 贵校是否鼓励或支持您外出参加培训?

○ 非常支持 ○ 比较支持 ○ 一般支持 ○ 比较不支持 ○ 非常不支持

23. 贵校每年参加校园足球比赛的次数

○ 没有参加　○ 1 次　○ 2 次　○ 3 次及以上

二、多选题（请您选择相应的选项，画横线的部分请您根据实际情况填写。）

24. 您成为校园足球课余训练教师、教练员的原因

○ 自己喜欢　○ 学校安排　○ 其他 ________________

25. 校园足球课余训练教师、教练员的工作给您带来

○ 经济收入 ○ 职称晋升 ○ 社会声望 ○ 自我成就感

○ 其他 ________________

26. 您开展校园足球课余训练的政策依据是

○《全国青少年校园足球教学指南（试行）》《学生足球运动技能等级评定标准（试行）》

○ 省市教育部门制定标准 ○ 自主制定校本课程标准

○ 其他 ________________

27. 您根据哪些足球项目特点设计课余训练内容

○ 动作模式 ○ 能量供应 ○ 损伤特点 ○ 比赛规则 ○ 战术特点

○ 其他 ________

28. 您根据学生/运动员哪些特点设计课余训练内容

○ 战术素养 ○ 技术风格 ○ 身体素质 ○ 心理特点 ○ 智能状况

○ 损伤状况 ○ 其他 ________

29. 您根据哪些训练学因素设计课余训练内容

○ 运动员长期发展规划（LTAD） ○ 青少年身体发展规划（YPD）

○ 训练时期 ○ 训练阶段 ○ 训练任务 ○ 训练负荷 ○ 其他

30. 贵校校园足球课余训练内容有

○ 球感训练 ○ 技术训练 ○ 战术训练 ○ 身体素质训练 ○ 比赛

○ 游戏 ○ 其他 ________________

31. 贵校校园足球课余训练的球感训练内容有

○ 踩球 ○ 拉球 ○ 拨球 ○ 扣球 ○ 跨球 ○ 挑球 ○ 颠球

○ 活动中的综合球感 ○ 其他 ________________

32. 贵校校园足球课余训练的技术训练内容有（小学阶段教师、教练员回答）

○ 脚背外侧运球 ○ 脚背正面运球 ○ 脚内侧运球 ○ 运球过人

○ 脚内侧踢球 ○ 脚内侧接球 ○ 脚底接球—运球—传球、接球组合

○ 传—接—运球—射门组合 ○ 脚背正面射门 ○ 正面、侧面抢截球

○ 脚背内侧踢空中球 ○ 脚底接反弹球 ○ 脚内侧接反弹球

○ 大腿接球 ○ 脚背接空中球 ○ 胸部接球 ○ 前额正面头顶球

○ 其他 ________________

33. 贵校校园足球课余训练的技术训练内容有（初中阶段教师、教练员回答）

○ 运球及运球过人 ○ 活动中的踢、接地滚球

○ 活动中的踢、接空中球 ○ 活动中的踢、接反弹球

○ 结合射门的组合技术 ○ 对抗中的运球过人技术综合运用

○ 对抗中多部位踢接球的灵活运用 ○ 其他 ________________

34. 贵校校园足球课余训练的技术训练内容有（高中阶段教师、教练员回答）

○ 对抗中的运控球 ○ 对抗中的踢球 ○ 对抗中的接球

○ 对抗中的射门 ○ 其他 ________________

35. 贵校校园足球课余训练的战术训练内容有

○ 2vs1 攻防 ○ 3vs1 攻防 ○ 3vs2 攻防 ○ 1vs1 攻防 ○ 2vs2 攻防

○ 3vs3 攻防 ○ 角球攻防 ○ 任意球攻防 ○ 局部攻防

○ 其他 ________________

36. 贵校校园足球课余训练的身体素质训练内容有

○ 柔韧性 ○ 灵敏性 ○ 协调性 ○ 反应能力 ○ 平衡能力

○ 速度素质 ○ 耐力素质 ○ 力量素质 ○ 其他________________

37. 您认为影响贵校校园足球课余训练开展的因素有

○ 领导支持 ○ 场地器材 ○ 师资力量 ○ 经费支持 ○ 学生兴趣

○ 家长支持 ○ 运动损伤 ○ 制度保障 ○ 教师、教练员待遇

○ 时间保障 ○ 其他 ________________

38. 您认为校园足球课余训练的教师、教练员必备的素养有

○ 理论知识 ○ 专业技能 ○ 组织管理能力 ○ 教学训练能力

○ 敬业精神　○ 其他 ________________

39. 您认为当前校园足球课余训练的内容存在什么问题

○ 针对性不足　○ 丰富性不足　○ 内容不合理

○ 其他 ________________

40. 您认为小学阶段校园足球课余训练应该增加哪些内容

____

41. 您认为初中阶段校园足球课余训练应该增加哪些内容

____

42. 您认为高中阶段校园足球课余训练应该增加哪些内容

____

附录 2：校园足球动作模式指标体系专家调查问卷

尊敬的专家：

您好，我们正在进行一项关于青少年校园足球课余训练的学术研究工作，您的意见对本项研究具有重要意义，恳请您抽出宝贵的时间客观真实地填写这份调查问卷。您在问卷上填写的意见没有对错之分，仅供本研究探索之用，并且我们不会以任何形式和在任何时候对外公开所涉及的个人信息。在此对您的大力帮助致以真诚的感谢！

“基于动作模式的我国校园足球课余训练内容研究”课题组

1. 您的工作单位

○体育局 ○高校 ○中学 ○小学 ○业余体校 ○足球俱乐部

○其他______________

2. 您认为以下关于校园足球动作模式体系的理论构建是否合理

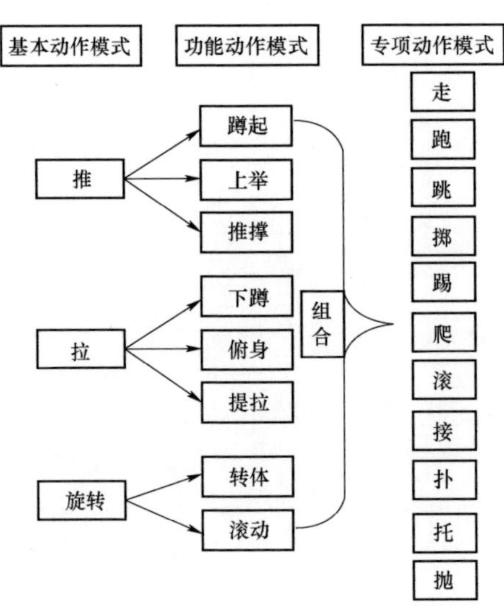

○非常合理　○比较合理　○一般　○比较不合理　○非常不合理

3. 您认为以下说法是否合理

校园足球基本动作模式为：推、拉、旋转。

○非常合理　○比较合理　○一般　○比较不合理　○非常不合理

4. 若您认为第 3 题关于“校园足球基本动作模式”的分类不合理，请将您认为的分类结果填写在下面：

____

5. 请您评价校园足球各种基本动作模式的重要程度

基本动作模式	非常重要	比较重要	一般	比较不重要	非常不重要
推					
拉					
旋转					

6. 您认为以下说法是否合理

校园足球功能动作模式为：蹲起、上举、推撑、下蹲、俯身、提拉、转体、滚动。

○非常合理　○比较合理　○一般　○比较不合理　○非常不合理

7. 若您认为第 6 题关于“校园足球功能动作模式”的分类不合理，请将您认为的分类结果填写在下面：

____

8. 请您评价校园足球各种功能动作模式的重要程度

功能动作模式	非常重要	比较重要	一般	比较不重要	非常不重要
蹲起					
上举					
推撑					
下蹲					
俯身					
提拉					
转体					
滚动					

9. 您认为以下说法是否合理

校园足球专项动作模式为：走、跑、跳、掷、踢、爬、滚、接、扑、托、抛。

○非常合理 ○比较合理 ○一般 ○比较不合理 ○非常不合理

10. 若您认为第 9 题关于“校园足球专项动作模式”的分类不合理，请将您认为的分类结果填写在下面：

____

11. 请您评价校园足球各专项动作模式的重要程度

专项动作模式	非常重要	比较重要	一般	比较不重要	非常不重要
走					
跑					
跳					
掷					
踢					
爬					
滚					
接					
扑					
托					
抛					

12. 请您评价此问卷的合理程度

○非常合理 ○比较合理 ○一般 ○比较不合理 ○非常不合理

附录 3：我国校园足球课余训练内容指标体系专家调查问卷

尊敬的专家：

您好，我们正在进行一项关于青少年校园足球身体训练内容的学术研究工作，现进行第二轮专家问卷调查，您的意见对本项研究具有重要意义，恳请您抽出宝贵的时间客观真实地填写这份调查问卷。您在问卷上填写的意见没有对错之分，仅供本研究探索之用，并且我们不会以任何形式和在任何时候对外公开所涉及的个人信息。在此对您的大力帮助致以真诚的感谢！

"基于动作模式的我国校园足球课余训练内容研究"课题组

1. 您的工作单位

○体育局　○高校　○中学　○小学　○足球俱乐部　○业余体校　○其他

2. 请您评价以下内容在小学阶段校园足球身体训练中的重要程度

项目	非常重要	比较重要	一般	比较不重要	非常不重要
关节活动度					
软组织延展性					
静态稳定性					
动态稳定性					
反射稳定性					
基本动作模式					
功能动作模式					
专项动作模式					
最大力量					

续表

项目	非常重要	比较重要	一般	比较不重要	非常不重要
启动力量					
制动力量					
反应力量					
爆发力					
力量耐力					
启动速度					
加速					
最大速度					
减速制动					
多方向速度					
有氧耐力					
无氧耐力					
混氧耐力					
开放式灵敏					
封闭式灵敏					
视—动协调能力					
听—动协调能力					
肢体协调能力					

3. 您认为小学阶段校园足球身体训练还需增加哪些内容(参照第2题)

____

4. 请您评价以下内容在初中阶段校园足球身体训练中的重要程度

项目	非常重要	比较重要	一般	比较不重要	非常不重要
关节活动度					
软组织延展性					
静态稳定性					
动态稳定性					
反射稳定性					
基本动作模式					

续表

项目	非常重要	比较重要	一般	比较不重要	非常不重要
功能动作模式					
专项动作模式					
最大力量					
启动力量					
制动力量					
反应力量					
爆发力					
力量耐力					
启动速度					
加速					
最大速度					
减速制动					
多方向速度					
有氧耐力					
无氧耐力					
混氧耐力					
开放式灵敏					
封闭式灵敏					
视—动协调能力					
听—动协调能力					
肢体协调能力					

5. 您认为初中阶段校园足球身体训练还需增加哪些内容（参照第 4 题）

____

6. 请您评价以下内容在高中阶段校园足球身体训练中的重要程度

项目	非常重要	比较重要	一般	比较不重要	非常不重要
关节活动度					
软组织延展性					
静态稳定性					

续表

项目	非常重要	比较重要	一般	比较不重要	非常不重要
动态稳定性					
反射稳定性					
基本动作模式					
功能动作模式					
专项动作模式					
最大力量					
启动力量					
制动力量					
反应力量					
爆发力					
力量耐力					
启动速度					
加速					
最大速度					
减速制动					
多方向速度					
有氧耐力					
无氧耐力					
混氧耐力					
开放式灵敏					
封闭式灵敏					
视—动协调能力					
听—动协调能力					
肢体协调能力					

7. 您认为高中阶段校园足球身体训练还需增加哪些内容（参照第 6 题）

____

8. 请您评价以下内容在大学阶段校园足球身体训练中的重要程度

项目	非常重要	比较重要	一般	比较不重要	非常不重要
关节活动度					
软组织延展性					
静态稳定性					
动态稳定性					
反射稳定性					
基本动作模式					
功能动作模式					
专项动作模式					
最大力量					
启动力量					
制动力量					
反应力量					
爆发力					
力量耐力					
启动速度					
加速					
最大速度					
减速制动					
多方向速度					
有氧耐力					
无氧耐力					
混氧耐力					
开放式灵敏					
封闭式灵敏					
视—动协调能力					
听—动协调能力					
肢体协调能力					

9. 您认为大学阶段校园足球身体训练还需增加哪些内容（参照第 8 题）

____

附录 4：我国不同学龄段校园足球课余训练内容专家调查问卷

尊敬的专家：

您好，我们正在进行一项关于青少年校园足球课余训练内容的学术研究工作（从身体训练的视角），您的意见对本项研究具有重要意义，恳请您抽出宝贵的时间客观真实地填写这份调查问卷。您在问卷上填写的意见没有对错之分，仅供本研究探索之用，并且我们不会以任何形式和在任何时候对外公开所涉及的个人信息。在此对您的大力帮助致以真诚的感谢！

"基于动作模式的我国校园足球课余训练内容研究"课题组

一、您的基本信息

1. 您的姓名

____

2. 您的工作单位

○体育局 ○高校 ○中学 ○小学 ○业余体校 ○其他

二、您认为不同年龄阶段青少年校园足球身体训练的内容有哪些（多选题）

3. 您认为小学一年级学生/运动员的身体训练重点内容有哪些

○直线速度训练 ○多方向速度训练 ○最大力量训练
○神经肌肉适应力量训练 ○增肌力量训练 ○爆发力训练
○力量耐力训练 ○有氧耐力训练 ○无氧耐力训练
○混氧耐力训练 ○开放式灵敏训练 ○封闭式灵敏训练
○关节活动度训练 ○软组织延展性训练 ○动态平衡训练
○静态平衡训练 ○反射平衡训练 ○协调能力训练
○其他训练

4. 您认为小学二年级学生/运动员的身体训练重点内容有哪些

〇直线速度训练　〇多方向速度训练　〇最大力量训练
〇神经肌肉适应力量训练　〇增肌力量训练　〇爆发力训练
〇力量耐力训练　〇有氧耐力训练　〇无氧耐力训练
〇混氧耐力训练　〇开放式灵敏训练　〇封闭式灵敏训练
〇关节活动度训练　〇软组织延展性训练　〇动态平衡训练
〇静态平衡训练　〇反射平衡训练　〇协调能力训练
〇其他训练

5. 您认为小学三年级学生/运动员的身体训练重点内容有哪些

〇直线速度训练　〇多方向速度训练　〇最大力量训练
〇神经肌肉适应力量训练　〇增肌力量训练　〇爆发力训练
〇力量耐力训练　〇有氧耐力训练　〇无氧耐力训练
〇混氧耐力训练　〇开放式灵敏训练　〇封闭式灵敏训练
〇关节活动度训练　〇软组织延展性训练　〇动态平衡训练
〇静态平衡训练　〇反射平衡训练　〇协调能力训练
〇其他训练

6. 您认为小学四年级学生/运动员的身体训练重点内容有哪些

〇直线速度训练　〇多方向速度训练　〇最大力量训练
〇神经肌肉适应力量训练　〇增肌力量训练　〇爆发力训练
〇力量耐力训练　〇有氧耐力训练　〇无氧耐力训练
〇混氧耐力训练　〇开放式灵敏训练　〇封闭式灵敏训练
〇关节活动度训练　〇软组织延展性训练　〇动态平衡训练
〇静态平衡训练　〇反射平衡训练　〇协调能力训练
〇其他训练

7. 您认为小学五年级学生/运动员的身体训练重点内容有哪些

〇直线速度训练 〇多方向速度训练 〇最大力量训练

〇神经肌肉适应力量训练 〇增肌力量训练 〇爆发力训练

〇力量耐力训练 〇有氧耐力训练 〇无氧耐力训练

〇混氧耐力训练 〇开放式灵敏训练 〇封闭式灵敏训练

〇关节活动度训练 〇软组织延展性训练 〇动态平衡训练

〇静态平衡训练 〇反射平衡训练 〇协调能力训练

〇其他训练

8. 您认为小学六年级学生/运动员的身体训练重点内容有哪些

〇直线速度训练 〇多方向速度训练 〇最大力量训练

〇神经肌肉适应力量训练 〇增肌力量训练 〇爆发力训练

〇力量耐力训练 〇有氧耐力训练 〇无氧耐力训练

〇混氧耐力训练 〇开放式灵敏训练 〇封闭式灵敏训练

〇关节活动度训练 〇软组织延展性训练 〇动态平衡训练

〇静态平衡训练 〇反射平衡训练 〇协调能力训练

〇其他训练

9. 您认为初中一年级学生/运动员的身体训练重点内容有哪些

〇直线速度训练 〇多方向速度训练 〇最大力量训练

〇神经肌肉适应力量训练 〇增肌力量训练 〇爆发力训练

〇力量耐力训练 〇有氧耐力训练 〇无氧耐力训练

〇混氧耐力训练 〇开放式灵敏训练 〇封闭式灵敏训练

〇关节活动度训练 〇软组织延展性训练 〇动态平衡训练

〇静态平衡训练 〇反射平衡训练 〇协调能力训练

〇其他训练

10. 您认为初中二年级学生/运动员的身体训练重点内容有哪些

○直线速度训练　○多方向速度训练　○最大力量训练

○神经肌肉适应力量训练　○增肌力量训练　○爆发力训练

○力量耐力训练　○有氧耐力训练　○无氧耐力训练

○混氧耐力训练　○开放式灵敏训练　○封闭式灵敏训练

○关节活动度训练　○软组织延展性训练　○动态平衡训练

○静态平衡训练　○反射平衡训练　○协调能力训练

○其他训练

11. 您认为初中三年级学生/运动员的身体训练重点内容有哪些

○直线速度训练　○多方向速度训练　○最大力量训练

○神经肌肉适应力量训练　○增肌力量训练　○爆发力训练

○力量耐力训练　○有氧耐力训练　○无氧耐力训练

○混氧耐力训练　○开放式灵敏训练　○封闭式灵敏训练

○关节活动度训练　○软组织延展性训练　○动态平衡训练

○静态平衡训练　○反射平衡训练　○协调能力训练

○其他训练

12. 您认为初中四年级学生/运动员的身体训练重点内容有哪些

○直线速度训练　○多方向速度训练　○最大力量训练

○神经肌肉适应力量训练　○增肌力量训练　○爆发力训练

○力量耐力训练　○有氧耐力训练　○无氧耐力训练

○混氧耐力训练　○开放式灵敏训练　○封闭式灵敏训练

○关节活动度训练　○软组织延展性训练　○动态平衡训练

○静态平衡训练　○反射平衡训练　○协调能力训练

○其他训练

13. 您认为高中一年级学生/运动员的身体训练重点内容有哪些

〇直线速度训练 〇多方向速度训练 〇最大力量训练

〇神经肌肉适应力量训练 〇增肌力量训练 〇爆发力训练

〇力量耐力训练 〇有氧耐力训练 〇无氧耐力训练

〇混氧耐力训练 〇开放式灵敏训练 〇封闭式灵敏训练

〇关节活动度训练 〇软组织延展性训练 〇动态平衡训练

〇静态平衡训练 〇反射平衡训练 〇协调能力训练

〇其他训练

14. 您认为高中二年级学生/运动员的身体训练重点内容有哪些

〇直线速度训练 〇多方向速度训练 〇最大力量训练

〇神经肌肉适应力量训练 〇增肌力量训练 〇爆发力训练

〇力量耐力训练 〇有氧耐力训练 〇无氧耐力训练

〇混氧耐力训练 〇开放式灵敏训练 〇封闭式灵敏训练

〇关节活动度训练 〇软组织延展性训练 〇动态平衡训练

〇静态平衡训练 〇反射平衡训练 〇协调能力训练

〇其他训练

15. 您认为高中三年级学生/运动员的身体训练重点内容有哪些

〇直线速度训练 〇多方向速度训练 〇最大力量训练

〇神经肌肉适应力量训练 〇增肌力量训练 〇爆发力训练

〇力量耐力训练 〇有氧耐力训练 〇无氧耐力训练

〇混氧耐力训练 〇开放式灵敏训练 〇封闭式灵敏训练

〇关节活动度训练 〇软组织延展性训练 〇动态平衡训练

〇静态平衡训练 〇反射平衡训练 〇协调能力训练

〇其他训练

附录 5：我国校园足球课余训练手段专家访谈提纲

1. 您认为校园足球动作质量测评手段有哪些

2. 您认为校园足球一般运动能力测试手段有哪些

3. 您认为校园足球专项运动能力测试手段有哪些

4. 您认为校园足球准备活动训练手段有哪些

5. 您认为校园足球恢复再生训练手段有哪些

6. 您认为校园足球灵活性训练手段有哪些

7. 您认为校园足球稳定性训练手段有哪些

8. 您认为校园足球力量训练手段有哪些

9. 您认为校园足球速度训练手段有哪些

10. 您认为校园足球灵敏训练手段有哪些

11. 您认为校园足球耐力训练手段有哪些

12. 您认为校园足球协调能力训练手段有哪些

附录 6:《学生足球运动技能等级评定标准（试行）》

一、单项指标和权重

附表 1　单项指标和权重表

等级	单项指标	权重（%）
一级	颠球、踩拨球	10
	往返运球	25
	踢准	25
	冲刺跑	15
	小场地比赛	25
二级	脚背正面颠球	10
	绕杆运球	25
	踢准	20
	折线跑	15
	小场地比赛	30
三级	行进颠球	10
	绕杆运球	20
	运球踢准	20
	绕杆跑	15
	小场地比赛	35
四级	头颠球	10
	折线运球	20
	定位球踢准	20
	多向绕杆跑	10
	比赛	40
五级	多部位颠球	10
	折线运球	20
	运球射门	20
	折返跑	10
	比赛	40

二、评分表

附表 2　一级评分表

测评内容	单位	单项得分									
		10	**9**	**8**	**7**	**6**	**5**	**4**	**3**	**2**	**1**
颠球、踩拨球	(分)	10	9	8	7	6	5	4	3	2	1
往返运球	(秒)	≤7.2	7.3～8.0	8.1～9.2	9.3～10.0	10.1～11.1	11.2～11.9	12～12.7	12.8～13.3	13.4～14.3	14.4～15.1
踢准	(分)	10	9	8	7	6	5	4	3	2	1
冲刺跑	(秒)	≤4.0	4.1～4.2	4.3～4.4	4.5～4.6	4.7～4.8	4.9～5.0	5.1～5.2	5.3～5.4	5.5～5.6	5.7～5.8
小场地比赛	(分)	10	9	8	7	6	5	4	3	2	1

注：技能综合评分——颠球或踩拨球得分×0.1+10 米往返运球得分×0.25+8 米踢准得分×0.25+20 米跑得分×0.15+小场地比赛得分×0.25。一级达标分值——综合得分达到 7.5 分及以上认定达到一级标准。

附表 3　二级评分表

测评内容	单位	单项得分									
		10	**9**	**8**	**7**	**6**	**5**	**4**	**3**	**2**	**1**
脚背正面颠球	(个)	≥35	29～34	24～28	19～23	15～18	11～14	7～10	5～6	4	3
绕杆运球	(秒)	≤9.3	9.40～10.0	10.1～10.2	10.3～11.6	11.7～12.8	12.9～13.9	14.0～14.7	14.8～15.8	15.9～16.9	17.0～18.0
踢准	(分)	10	9	8	7	6	5	4	3	2	1
折线跑	(秒)	≤8.8	8.9～9.1	9.2～9.3	9.4～9.6	9.7～9.9	10.0～10.2	10.3～10.5	10.6～10.9	11.0～11.7	11.8～12.5
小场地比赛	(分)	10	9	8	7	6	5	4	3	2	1

注：技能综合评分——脚背正面颠球得分×0.1+20 米绕杆运球得分×0.25+10 米踢准得分×0.2+ 折线跑得分×0.15+小场地比赛得分×0.3。二级达标分值——综合得分达到 7.5 分及以上认定达到二级标准。

附表 4　三级评分表

测评内容	性别	单位	单项得分									
			10	**9**	**8**	**7**	**6**	**5**	**4**	**3**	**2**	**1**
行进颠球	—	(次)	0	1	2	3	4	5	6	7	8	9
绕杆运球	女	(秒)	≤9.0	9.1～10.2	10.3～11.1	11.2～12.3	12.4～13.1	13.2～13.9	14.0～14.9	15.0～16.3	16.4～17.6	17.7～18.6
	男		≤8.5	8.6～9.3	9.4～9.8	9.9～10.7	10.8～11.4	11.5～12.4	12.5～13.1	13.2～14.0	14.1～14.8	14.9～15.6
运球踢准	—	(分)	10	9	8	7	6	5	4	3	2	1
绕杆跑	女	(秒)	≤5.8	5.9～6.2	6.3～6.4	6.5～6.6	6.7～6.8	6.9～7.0	7.1～7.2	7.3～7.4	7.5～7.7	7.8～8.5
	男		≤4.9	5.0～5.5	5.6～6.0	6.1～6.3	6.4～6.5	6.6～6.7	6.8～6.9	7.0～7.1	7.2～7.4	7.5～7.9
小场地比赛	—	(分)	10	9	8	7	6	5	4	3	2	1

注：技能综合评分——行进颠球得分×0.1+20 米不等距绕杆运球得分×0.2+运球踢准得分×0.2+20 米绕杆跑得分×0.15+小场地比赛得分×0.35。三级达标分值——综合得分达到 7.5 分及以上认定达到三级标准。

附表 5　四级评分表

测评内容	性别	单位	单项得分									
			10	**9**	**8**	**7**	**6**	**5**	**4**	**3**	**2**	**1**
头颠球	—	（个）	≥50	45～49	40～44	35～39	30～34	25～29	20～24	15～19	10～14	5～9
折线运球	女	(秒)	≤11.1	11.2～12	12.1～12.8	12.9～13.6	13.7～14.2	14.23～14.7	14.8～15.3	15.4～15.9	16.0～16.5	16.6～17
	男		≤10.4	10.5～11.0	11.1～11.8	11.9～12.2	12.3～12.4	12.5～12.9	13.0～13.2	13.3～14.2	14.3～15.3	15.4～16
定位球踢准	—	(分)	≥15	12～14	11	10	9	8	7	6	5	4
多向绕杆跑	女	(秒)	≤16.4	16.5～16.8	16.9～17.3	17.4～17.8	17.9～18.5	18.6～19.2	19.3～20.0	20.1～20.8	20.9～21.7	21.8～22.5
	男		≤15.4	15.5～15.8	15.9～16.2	16.3～16.4	16.5～16.8	16.9～17.2	17.3～17.8	17.9～18.4	18.5～19.3	19.4～20
比赛	—	(分)	10	9	8	7	6	5	4	3	2	1

注：技能综合评分——头颠球得分×0.1+折线运球得分×0.2+定位球踢准得分×0.2+多向绕杆跑得分×0.1+比赛得分×0.4。四级达标分值——综合得分达到 7.5 分及以上认定达到四级标准。

附表 6　五级评分表

测评内容	性别	单位	单项得分									
			10	**9**	**8**	**7**	**6**	**5**	**4**	**3**	**2**	**1**
多部位颠球	—	(个)	10	9	8	7	6	5	4	3	2	1
折线运球	女	(秒)	≤10.6	10.7～11.5	11.6～11.8	11.9～12.3	12.4～12.8	12.9～13.8	13.9～14.4	14.5～15.1	15.2～15.9	16.0～16.8
	男		≤9.8	9.9～10.5	10.6～11.3	11.4～11.7	11.8～11.9	12.0～12.4	12.5～13.0	13.1～13.6	13.7～14.8	14.9～15.5
运球射门	—	(分)	10	9	8	7	6	5	4	3	2	1
折返跑	女	(秒)	≤36	36.1～36.6	36.7～37.2	37.3～37.8	37.9～38.4	38.5～39	39.1～39.6	39.7～40.2	40.3～40.8	40.9～41.5
	男		≤33	33.1～33.3	33.4～33.6	33.7～33.8	33.9～34.2	34.3～34.6	34.7～35.5	35.6～36.6	36.7～37.7	37.8～38.5
比赛	—	(分)	10	9	8	7	6	5	4	3	2	1

注：技能综合评分——多部位颠球得分×0.1+折线运球得分×0.2+运球射门得分×0.2+折返跑得分×0.1+比赛得分×0.4。五级达标分值——综合得分达到 7.5 分及以上认定达到五级标准。

参考文献

[1] 刘延东. 深入学习贯彻习近平总书记系列重要讲话精神，推动学校体育工作再上新水平——在全国学校体育工作座谈会上的讲话[N]. 中国教育报，2017－10－27（1）.

[2] 王登峰. 学校体育的价值与校园足球的使命[J]. 体育教学，2016，36（3）：6－8.

[3] 郭骏骅. 北京市“全国青少年校园足球特色学校”校园足球开展现状研究[D]. 北京：首都体育学院，2017.

[4] 程曦. 校园足球训练对小学生抑制功能影响的实证研究[C]. 中国体育科学学会. 第十一届全国体育科学大会论文摘要汇编，2019：3224－3225.

[5] 陈爱国，陈丽萍，颜军. 8 周足球运动改善留守儿童执行功能的实验研究[J]. 山东体育学院学报，2017，33（1）：85－89.

[6] 郭旭玥. 课外足球训练对中学生自信心、自我效能感建立的影响[J]. 湖北体育科技，2020，39（3）：240－244.

[7] 范海楠，孟小雨，亓帅，等. 8 周足球训练对 4～5 年级小学生注意品质的影响[J]. 湖北体育科技，2020，39（3）：232－235，274.

[8] 侯学华. 全国青少年校园足球活动价值研究[J]. 北京体育大学学报，2012，35（12）：77－83.

[9] 史磊. 简析中小学校园足球文化建设的重要性[J]. 运动，2018（13）：100－101.

[10] 王晶. 北京市大兴区小学校园足球开展现状和发展对策研究[D]. 北京：首都体育学院，2018.

[11] 侯学华，王彬，薛立，等. 校园足球核心价值体系构建[J]. 山东体育科技，2013，35（3）：86－91.

[12] 杨明建. 中国足球后备人才“N+10”培养模式的探讨与分析——校园足球发展模式 10 年规划[J]. 体育科技文献通报，2011，19（5）：129－131.

[13] 王民享，吴金贵. 现代欧美足球训练理念与方法[M]. 北京：北京体育大学出版社，2006.

[14] 张田磊. 天津市市内六区小学校园足球特色学校足球训练教学现状调查研究[D]. 天津：天津师范大学，2019.

[15] 毛振明，刘天彪，臧留红. 论“新校园足球”的顶层设计[J]. 武汉体育学院学报，2015，49（3）：58－62.

[16] 舒川，吴燕丹. USYS 运动员培养体系对我国校园足球发展的启示[J]. 中国体育科技，2015，51（3）：56－62.

[17] 张廷安. 我国校园足球未来发展中应当确立的科学发展观[J]. 北京体育大学学报，2015，38（1）：106－113，131.

[18] 宁尚斌. 秦皇岛市布点中小学校园足球开展现状调查研究[D]. 石家庄：河北师范大学，2015.

[19] 李卫东，张延宏，陆煜. 全国青少年校园足球活动开展情况调查与分析[J]. 上海体育学院学报，2011，35（5）：22－25，31.

[20] 侯凯凯. 北京市中小学校园足球课余训练开展状况的研究[D]. 北京：首都体育学院，2014.

[21] 赵世桐. 太原市小学“校园足球特色学校”球队训练现状调研[D]. 太原：山西大学，2016.

[22] 张峻. 北京市校园足球特色学校开展的现状与困境研究[D]. 北京：北京体育大学，2019.

[23] COOK G. 动作——功能动作训练体系[M]. 张英波，梁林，赵洪波，译. 北京：北京体育大学出版社，2011.

[24] 张英波. 身体运动功能训练博士课程讲义[R]. 北京：北京体育大学，2014.

[25] 尹军. 第一讲　提高学生体质的有效课堂教学法：身体运动功能训练理念与内容体系概览[J]. 体育教学，2014，34（1）：12－14.

[26] 袁守龙. 北京奥运会周期训练理论与实践创新趋势[J]. 体育科研，2011，32（4）：5－11.

[27] 崔运坤，贾燕，马琳，等. 动作模式释义：定义、机制、分类、训练[J]. 沈阳体育学院学报，2017，36（2）：98－106.

[28] MICHAEL B. 体育运动中的功能性训练[M]. 张丹玥，王雄，译. 北京：人民邮电出版社，2017.

[29] 尹军，张启凌，陈洋. 乒乓球运动员身体运动功能训练[M]. 北京：北京体育大学出版社，2013.

[30] 李笋南，齐光涛，宋陆陆，等. 功能训练体系分类研究[J]. 成都体育学院学报，2015，41（2）：75－80.

[31] SANTANA J C. 功能性训练[M]. 王雄，袁守龙，译. 北京：人民邮电出版社，2017.

[32] 闫琪. 优秀女子曲棍球运动员功能性体能训练方法体系的构建与实证研究[D]. 石家庄：河北师范大学，2013.

[33] 崔运坤，贾燕. 数量与质量，基本动作模式与专项动作模式的权衡——身体运动功能训练开展的必要性[C]. 2013 年全国竞技体育科学论文报告会论文摘要集，2013.

[34] 张英波. 人体动作模式的稳定性与灵活性[J]. 中国体育教练员，2012，20（3）：33－34.

[35] 刘瑞东，陈小平，陆亨伯. 功能动作筛查在青少年动作与姿态测试中的应用及其与身体素质表现的相关性研究[J]. 武汉体育学院学报，2015，49（8）：82－86.

[36] VERSTEGEN M. Core Performance Essentials：The Revolutionary

Nutrition and Exercise Plan Adapted for Everyday Use[M]. New York：Rodale Books，2006.

[37] VERSTEGEN M，WILLIAMS P．Core Performance：The Revolutionary Workout Program to Transform Your Body and Your Life[M]. New York：Rodale Books，2004.

[38] 陈小平. 中国青少年训练——问题・对策・趋势[J]. 武汉体育学院学报，2014，48（11）：80－86，95.

[39] 余荣芳，张恩奇，袁聿涛，等. 功能训练的发展及其测试方法的研究[J]. 运动，2011（3）：14－15，11.

[40] 顾春先，邬红丽，肖波，等. 中国高校校园体育文化指标体系研究[J]. 体育科学，2010，30（8）：41－48.

[41] 辛文. 发展校园足球成就足球中国梦——访教育部体育卫生与艺术教育司司长王登峰[J]. 中国教师，2015（11）：5－7.

[42] 李卫东，何志林. 全国青少年校园足球可持续发展思考[J]. 体育文化导刊，2011（3）：106－108.

[43] 李斌，崔运坤，贾燕，等. 我国青少年校园足球课余训练存在问题及解决思路[J]. 吉林体育学院学报，2020，36（1）：84－88+102.

[44] 教育部等七部门关于印发《全国青少年校园足球八大体系建设行动计划》的通知[J]. 校园足球，2020（09）：4－11.

[45] 晋浩天. 发展足球特色学校难在哪路在哪——独家专访教育部体卫艺司司长王登峰[N]. 光明日报，2017－02－06（5）.

[46] 教育部办公厅关于印发《全国青少年校园足球工作领导小组第二次会议纪要》的通知[EB/OL].（2017－3－20）[2017－3－23]. http:/www.moe.gov.cn/stcsite/A17/moe.938/s3276/201704/t2017040/_301680.html.

[47] 宁吉喆. 中国统计年鉴—2020[M]. 北京：中国统计出版社，2020.

[48] 崔运坤，贾燕，房宜军. 山东省校园足球课余训练方法选择现状[J]. 长江丛刊，2019（32）：101－102.

[49] NORRIS S R. Long-term Athlete Development Canada[J]. Lurrent Sports Medicine Reports，2019，9（6）：378－382.

[50] LLOYD S，RHODRI O，et al. The Youth Physical Development Model－A New Approach to Long－Term Athletic Development[J]. Strength & Conditioning Journal，2012，34（3）：61－72.

[51] HAYWOOD K M，GETCHELL N. Life Span Motor Development，5th ed[M]. Champaign：Human Kinetics，2009.

[52] 刘爱杰. 当代体能和体能训练的发展特点及其趋势[R]. 武汉：武汉体育学院，2014.

[53] BALYI I，HAMILTON A. Long－Term Athlete Development Trainability in Childhood and Adolescence[J]. Olympic Coach，2004.

[54] 周国海，季浏，尹小俭. 儿童青少年体能发展敏感期相关热点问题[J]. 成都体育学院学报，2016，42（6）：114－120.

[55] 姚健. 校长引领校园足球推广实施研究[J]. 北京体育大学学报，2017，40（4）：75－82.

[56] 教育部等六部门关于加快发展青少年校园足球的实施意见[J]. 教育部公报，2015（9）：14－19.

[57] 全国青少年校园足球工作领导小组办公室. 全国青少年校园足球工作发展报告（2015—2017）[M]. 北京：北京体育大学出版社，2018.

[58] 张英波. 动作矩阵与动作模式训练解码[J]. 体育科研，2011，32（4）：21－26.

[59] 李丹阳，胡法信，胡鑫. 功能性训练：释义与应用[J]. 山东体育学院学报，2011，27（10）：71－76.

[60] 杨时. 功能性训练在康复体能训练中的应用[J]. 体育科研，2012，33（4）：85－88.

[61] 焦广发，刘徽，王海英，等. 功能性运动筛查应用研究进展：评价方法、信度、标准[J]. 成都体育学院学报，2015，41（1）：18－22.

[62] 朱军凯. 中国国家队男子足球运动员位置体能特征及训练策略研究[D]. 北京：北京体育大学，2011.

[63] 部义峰. 优秀女子足球运动员体能训练体系的理论与实证[D]. 北京：北京体育大学，2012.

[64] 崔冬冬. 中国女足国家队运动员体能评价研究[D]. 上海：上海体育学院，2010.

[65] 安广辉. 校园足球运动中常见损伤的解剖学特征研究[J]. 南京体育学院学报（自然科学版），2017，16（2）：44－48.

[66] 陈发栋，郑浪浪. 中小学校园足球教学与训练中运动损伤的预防[J]. 运动，2017（3）：126－127，79.

[67] 崔运坤，贾燕，李斌. 我国校园足球动作模式体系的构建[J]. 文体用品与科技，2020（9）：61－62.

[68] 张文彤，董伟. SPSS 统计分析高级教程[M]. 北京：高等教育出版社，2004.

[69] 张文霖. 主成分分析在满意度权重确定中的应用[J]. 市场研究，2006（6）：18－22.

[70] 李纪霞. 全国青少年校园足球活动发展战略研究[D]. 上海：上海体育学院，2012.

[71] 中国青少年儿童足球训练大纲编写组. 中国青少年儿童足球训练大纲[M]. 北京：人民体育出版社，2013.

[72] BALYI I，WAY R，HIGGS C. Long－Term Athlete Development[M]. Champaign：Human Kinetics，2013.

[73] MAIA J A，LEFEVRE J，CLAESSENS A L，et al. A Growth Curve to Model Changes in Sport Participation in Adolescent Boys[J]. Scandinavian Journal of Medicine & Science in Sports，2010，20（4）：679－685.

[74] 李月，米靖. 运动能力发展敏感期研究综述：内涵、存在及趋势[C]. 南京：第十一届全国体育科学大会论文摘要汇编，2019：2099－2100.

[75] 熊婉琦. 基于 LTAD 模式下我国青少年游泳运动员动作技能发展的内容设计研究[D]. 武汉：武汉体育学院，2018.

[76] 吴键，向静文，袁圣敏. 中国 1985—2010 年儿童青少年爆发力素质发展敏感期变化[J]. 中国学校卫生，2018，39（8）：1132–1134.

[77] 王宏建. 青少年身体素质发展敏感期的综述研究[J]. 体育科技文献通报，2017，25（6）：108–109.

[78] 王伟杰. 儿童青少年身体素质敏感期的变化特点[D]. 北京：北京体育大学，2015.

[79] BALYI I，WAY R，NORRIS S，et al. Canadian Sport for Life：Long–Term Athlete Development Resource Paper[M]. Vancouver：Canadian Sport Centres，2005.

[80] 田麦久. 运动训练学[M]. 北京：人民体育出版社，2000.

[81] TUDOR O B，GREGORY H. 周期——运动训练理论与方法[M]. 李少丹，李艳翎，译. 北京：北京体育大学出版社，2011.

[82] HOFFMAN J R. 体能训练设计指南[M]. 周志雄，译. 北京：北京体育大学出版社，2015.

[83] GREGORY H，TRAVIS T. 肌力与体能训练[M]. 林贵福，何仁育，林育槿，等，译. 台北：禾枫书局，2016.

[84] 王卫星. 体能训练理论与实践[M]. 北京：高等教育出版社，2012.

[85] 杜泽・邦帕，迈克尔・卡雷拉. 青少年运动员体能训练[M]. 尹晓峰，译. 上海：上海文化出版社，2017.

[86] THOMAS R B，ROGER W E. 体能训练概论[M]. 朱学雷，译. 上海：上海三联书店，2011.

[87] 许崇高，严波涛. 动作协调能力属性及其相关定义的理论思考[J]. 西安体育学院学报，1999（3）：31–34.

[88] 李景莉. 运动员协调能力的竞技价值之探讨[J]. 中国体育科技，2003（12）：8–10.

[89] 律卫东，崔运坤. 山东省小学阶段校园足球课余训练内容优选[J]. 冰雪体育创新研究，2020（11）：37−38.

[90] 尹军，袁守龙. 身体运动功能训练[M]. 北京：高等教育出版社，2015.

[91] TODD M. NSCA's Guide to Tests and Assessments[M]. Champaign：Human Kinetics，2012.

[92] 姜哲. 我国 16 岁男子足球运动员重点竞技能力确定及训练质量评价[D]. 北京：北京体育大学，2018.

[93] 陈翀. 我国 U17 男子足球运动员体能评价指标体系的构建和标准的建立[D]. 北京：北京体育大学，2016.

[94] 罗伯特・E. 麦卡蒂，杰夫・沙兰德. 易化牵伸术——简便易学的 PNF 牵伸及力量训练[M]. 矫玮，译. 北京：人民体育出版社，2010.

[95] BRIAN R M. 徒手治疗脊椎、四肢动态关节松动术：第 2 版[M]. 吴定中，谭仕馨，陈韵秋，译. 台北：合记图书出版社，2012.